나지의 다이어트 레시피

나지(이효영) 지음

It's me
나지의 다이어트 레시피
오직 나를 위한 예쁘고 날씬한 한 끼

나지(이효영) 지음

Diet Recipe

prologue
프롤로그

다이어트 끼니,
때우지 말고 '식사'하세요!

유튜브 <나지 It's me> 채널을 운영하며 식단이 독특하고 예쁘다는 말을 참 많이 듣습니다. 그동안 저만의 레시피를 만들고 다양한 방법으로 플레이팅했던 이유는 단 하나. 끼니를 때우는 것이 아닌 제대로 된 '식사'를 하고 싶었기 때문입니다. 단순히 재료를 꺼내 데우고 대충 담아낸 한 끼보다 보기에 예쁘고 맛까지 좋은 한 끼를 나에게 대접할 때 식사에 대한 행복감이 커지니까요.

닭가슴살, 현미밥, 샐러드 등 몸에 좋고 건강한 재료들은 너무나 많습니다. 하지만 그 사이 적절한 조합을 찾지 못해 식단에 흥미를 잃고 간편식에 의존할 여러분에게 조금은 독특하고, 지극히 평범한 저의 레시피가 작은 즐거움이 되었으면 하는 마음으로 이 책을 만들었습니다.

익숙하고 친숙한 재료들로 요리했을 뿐인데 독특한 조합이라며 좋아해 주시던, 무심하게 놓은 것 같지만 플레이팅이 예쁘고 근사하다 말해주시던 많은 분들의 관심과 응원 덕분에 책을 만들 용기를 낼 수 있었습니다.

좁은 주방, 오후면 해가 들지 않는 평범하고 작은 집에서 촬영한 사진들을 하나씩 모아가며 레시피를 정리하던 과정 속에 느꼈던 행복감과 설렘을 늘 잊지 않고 기억하겠습니다.
재료를 손질하고 예쁘게 담아낼 그릇을 고르는 사이, 건강한 식사 습관이 여러분에게 당연한 일상처럼 자리 잡길.
이 책을 읽는 모두가 온전히 행복한 한 끼 식사를 할 수 있길.
매일 식사를 준비하는 순간만큼은 '나'에게도 '내'가 귀한 손님이길 바랍니다.

2023년 6월
나지 이효영

Introduction
나지 레시피 일러두기

01
요리 과정이 쉽고 간단해요

조리가 아닌 '요리하는' 습관을 들이기 위해서는 쉬운 것부터 시작하세요. 이 책은 유튜브 <나지 It's me> 채널에 소개됐던 레시피들 중 최대한 쉽고 간단한 것을 중점으로 구성했습니다. 과정이 복잡한 베이킹이나 낯선 재료가 필요한 요리는 특별한 날 외식 메뉴로 즐기고, 집에서는 주로 쉽고 간단한 식사를 만들며 재미를 붙여보세요.

02
눈과 입이 모두 즐거워요

음식은 눈으로 먼저 먹는다는 말이 있죠. 우리는 예쁘고 화려하게 차린 식사를 SNS에 공유하는 일에 즐거움을 느껴요. 다이어트 식단도 건강하고 예쁘게 만든다면 분명 내가 만든 식사에 더 큰 만족감을 느낄 수 있을 거예요. 나지 레시피와 함께라면 이미 우리에게 친숙하고 투박하게 생긴 재료들도 충분히 예쁘고 맛있게 활용할 수 있어요.

03
탄단지 비율에 집착하지 않아요

지금 당장 내가 먹고 싶은 음식에 과잉되거나 부족한 영양소를 고민하다 보면 몸이 원하는 식사를 하지 못해 다음 끼니에 폭식으로 이어지는 경우가 많아요. 점심에 탄수화물이 많고 식이섬유가 적은 음식을 먹었다면, 저녁 식사는 단백질과 채소 위주의 메뉴를 선택해 하루의 영양 균형을 맞춰가세요. 한 끼보다 하루 식사에 집중하는 습관을 들이면 강박 없는 다이어트가 가능해져요.

04
운동과 함께할 때 감량 효과 UP!

체중을 감량하는 데 있어 운동을 멀리하고 식사량을 무리하게 줄이다 보면 어김없이 입터짐과 요요가 찾아와요. 꾸준한 운동은 몸 전체의 탄력을 높여 군살을 정리하는 데도 효과적이지만 긍정적인 에너지와 자존감을 높여주는 고마운 행위예요. 굳이 사람들 사이에서 유행하거나 감량 효과가 크다는 운동을 쫓으려기보다는 지금 당장 내가 할 수 있고 재미를 느끼는 운동을 찾아 조금씩 횟수와 강도를 늘려가세요.

나만의 홈트 리스트를 미리 만들어두면 운동을 하기로 마음먹었을 때 오늘은 어떤 운동을 할지 검색하고 찾아보느라 허비하는 시간을 아낄 수 있어요. 저는 주로 50~70분 안에 끝낼 수 있는 홈트레이닝 재생 목록을 만들어두고 그날그날 하고 싶은 목록을 골라 하는 편이에요.

☑ **나지의 홈트 재생 목록**

☑ **나지가 즐겨 찾는 홈트 유튜브 채널**

<MadFit> <growingannanas> <빅씨스 Bigsis>

contents
차례

프롤로그 • 005
나지 레시피 일러두기 • 006

Intro 나지 레시피 사용설명서
- 이 책에 나오는 식재료와 친해지기 • 018
- 나지의 장바구니 목록 • 023
- 기본 재료 손질과 조리법 • 024
- 이런 도구가 있으면 편해요 • 028
- 간편 계량하기 • 030
- 식이 만족도를 높이는 플레이팅 노하우 • 032
- 종이호일 샌드위치 포장법 • 035
- 상황별 레시피 추천 Best6 • 036

Part 1

10분이면 충분해요!
초스피드 식단

베리피넛토스트 • 044
굿모닝위트빅스 • 046
닭가슴살퀘사디아 • 048
콩치즈에그슬럿 • 050
약과요거트볼 • 052
바나나프렌치토스트 • 054
참나물과카몰리토스트 • 056
고단백바나나토스트 • 058
크리미에그토스트 • 060
병아리콩스무디볼 • 062
바질토마토팬케이크 • 064
딸기바나나오트밀 • 066
바질페스토요거볼 • 068

즉석버섯밥 • 070
양배추냉만두 • 072
낫또에그롤 • 074
수란오이덮밥 • 076
스테이크깻잎볶이 • 078
(New) 참나물오리비빔밥 • 080
컵만두오므라이스 • 082
양배추짜장수제비 • 084
전자레인지사골만둣국 • 086
단호박요거트스무디 • 088
흑임자요거트볼 • 090
프로틴웜볼 • 092
치아씨드스무디 • 094

Part2

포만감 UP! 칼로리 DOWN!
일품 식단

고사리닭곰탕 • 098
소시지캘리포니아롤 • 100
낫또므라이스 • 102
유부낫또김밥 • 104
참치말이차밥 • 106
New 유부묵비빔밥 • 108
아보크림콜드파스타 • 110
참나물게맛살전 • 112
바질페스토참치김밥 • 114
에그인바질페스타 • 116
New 파스타유부초밥 • 118
New 고사리깻잎김밥 • 120
이밥에무순일이새우 • 122
닭가슴살된장짜글이 • 124

고사리깻잎볶음밥 • 126
바지락미역죽 • 128
팽이간장오므라이스 • 130
오리에그리조또 • 132
고등어깻잎김밥 • 134
양배추김나물밥 • 136
누들컵닭개장 • 138
아보카도불닭덮밥 • 140
뚝배기바지락버섯밥 • 142
배추버섯만두전골 • 144
수프맛오트리조또 • 146
원팬콩물파스타 • 148
크림새우만두 • 150

Part 3

건강하게 만들어도 근사해요!
브런치 식단

소시지만두볶음 • 154
바질크림수제비 • 156
두유프렌치토스트 • 158
베지그릴샌드위치 • 160
콩불타코 • 162
블루베리오트밀크레페 • 164
꿀마토닭스테이크 • 166
바질어니언그릭샌드 • 168
초콜렛프렌치토스트 • 170

홀리몰리토스트 • 172
단호박로제리조또 • 174
땅콩오트밀와플 • 176
토마토액젓파스타 • 178
(New) 병아리콩치즈스틱 • 180
프로틴초코팬케이크 • 182
흑임자두유슈페너 • 184
지아베리에이느 • 186
시나몬두유라떼 • 188

Part 4

어제 과식했어요? 내일 약속 있어요?
119 식단

단호박콜드수프 • 192
달걀된장오트죽 • 194
임자있는보틀샐러드 • 196
크림맛깻잎리조또 • 198
병아리콩수프볼 • 200
요거마요치킨샐러드 • 202
고사리범벅 • 204
간장미역비빔밥 • 206
애호박오믈렛 • 208
양배추어묵말이 • 210
바지락콩탕 • 212

New 파절이야채전 • 214
두부면냉모밀 • 216
병아리콩오이국수 • 218
New 고사리두부김치 • 220
수제비미역국 • 222
참나물두부무침밥 • 224
프로틴오트포리지 • 226
단호박콩오트밀 • 228
흑임자두부쉐이크 • 230
녹차그린스무디 • 232

Part5

빵을 어떻게 끊어요? 밥 대신 먹어요!
빵순이 식단

- (New) 키위햄샌드위치 • 236
- 스테이크양배추샌드위치 • 238
- 초코베리팬케이크 • 240
- 참나물그릭치즈토스트 • 242
- 그릭올리브샌드위치 • 244
- 연어에그마요샌드위치 • 246
- 위트베리크럼블 • 248
- 프로틴베리샌드 • 250
- DLT샌드위치 • 252
- 단호박잼샌드위치 • 254
- (New) 단호한불고기샌드위치 • 256
- 바나나브라우니 • 258
- 바질그릭애플샌드 • 260
- 스크램블식빵토스트 • 262
- 바나나피넛크림토스트 • 264
- 단호빅블루베리머핀 • 266

Part6

입이 심심할 때 참지 말아요!
건강 간식

New 곶감주머니 • 270

휴게소병아리콩 • 272

흑임자쫀떡 • 274

저탄수땅콩쿠키 • 276

호두정과 • 278

위트빅스요거트바 • 280

병아리콩에너지바 • 282

커피프라페 • 284

Plus recipe

미리 만들어두고
다양하게 활용하기

치아베리잼 • 288

위트빅스약과 • 290

병아리콩물 • 292

Index 인덱스

- 가나다순 • 294
- 재료별 • 295
- 맛별 • 301
- 조리별 • 302

New 표시는 책에서만 공개하는 레시피입니다.

식단이 즐거워지는 119가지 다이어트 레시피를 소개하기에 앞서,
알아두면 좋은 내용을 정리했습니다.
다이어트 식단에 주로 사용할 식재료와 기본 재료 손질법,
요리가 쉬워지는 조리 도구까지 미리 확인해 보세요.

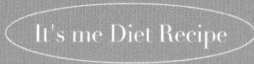

나지 레시피 사용설명서

Ingredients

이 책에 나오는 식재료와 친해지기

달걀, 양배추 등 이미 우리에게 익숙한 재료들이 아닌 조금은 낯설게 느껴질 수 있는 재료들을 소개해요.
1인 가구에게 버거운 대용량 식재료도 알차게 소진할 수 있도록 도와드릴게요.

신선 식재료

병아리콩

구수한 밤맛이 나는 콩이에요. 콩 중에서도 칼로리가 낮은 편에 속하고 100g당 약 19g의 단백질과 풍부한 섬유질을 함유하고 있어요. 특유의 고소한 맛을 잘 느끼기 위해서는 직접 삶아 냉장·냉동해 두고 먹는 것을 추천할게요.

아보카도

부드러운 식감에 고소하고 담백한 맛을 가지고 있어요. 풍부한 불포화지방 덕분에 칼로리가 높지만, 탄수화물과 당질이 거의 없고 비타민과 미네랄이 많아요. 다이어트를 위해서는 하루에 1/2개로 섭취량을 제한해요.

고사리

풍부한 식이섬유에서 비롯되는 특유의 쫄깃한 식감과 한국적인 감칠맛을 더해주는 재료예요. 나물류 중에서는 단백질 함량도 높은 편에 속해서 식단에 곁들이면 단백질의 보조 공급원으로도 활용할 수 있어요.

참나물

미나리와 셀러리 그 사이 어디쯤의 맛과 향으로 요리에 적절히 활용하면 풍미를 더할 수 있어요. 여름이 제철로 알려져 있지만 요즘은 거의 모든 계절에 마트에서 쉽게 구할 수 있고, 손질이 번거롭지 않아 편리해요.

간편 식재료

무지방그릭요거트

일정 온도하의 우유에 유산균을 첨가한 뒤 발효와 수분 제거의 과정을 거치면 그릭요거트가 돼요. 하지만 지방 함량이 높은 편이라 다이어트를 위해서는 무지방그릭요거트를 구비하는 걸 추천해요. 마요네즈와 사워크림을 대신해 여러 요리에 활용할 수 있어요.

통밀식빵

백색 밀가루로 만든 빵보다 복합 탄수화물인 통밀과 잡곡을 넣어 만든 빵이 소화 흡수가 느리고 포만감이 높아요. 구매 즉시 냉동 보관 하면 곰팡이 걱정 없이 오래 두고 먹을 수 있어요. 밀봉 집게를 사용하거나 지퍼백에 담아 보관하세요.

무가당두유

두유액 함량이 높고 설탕이나 합성향료가 첨가되지 않은 두유를 고르면 유당 함량이 높은 우유를 대신해 여러 요리에 활용할 수 있어요. 요리용은 실온에, 간식용은 냉장고에 보관하되 개봉 후에는 반드시 냉장 보관 해야 상하는 걸 방지할 수 있어요.

치아씨드

식후에 혈당이 급격하게 오르는 것을 막아주고, 불포화지방산과 미네랄, 식이섬유가 풍부해 해외에서 체중 감량에 도움을 주는 식재료로 널리 알려져 있어요. 다만, 꼭 물에 불린 상태로 섭취하고, 만약 그렇지 못한 때에는 장내 수분 손실을 막기 위해 충분한 양의 물을 마셔요.

완조리닭가슴살

냉장 상태의 신선한 닭가슴살을 필요할 때마다 구매하면 훨씬 더 건강한 요리를 만들 수 있지만 저는 편리함 때문에 조리 후 진공 포장된 닭가슴살을 선호해요. 여러 제품의 성분표와 영양 성분을 비교해 보고 나트륨과 지방, 탄수 함량이 적은 제품을 고르도록 해요.

흑임자가루

밀가루를 대신해 베이킹에 사용하기도 하지만 주로 요거트나 쉐이크 등 간편한 식사에 고소한 맛을 더하는 용도로 구비하고 있어요. 별도 구매가 꺼려진다면 맛에 차이는 있지만 요리용 통깨를 블렌더에 갈아 사용해도 무방해요.

닭가슴살 가공식품

닭가슴살을 가공해 조금 더 맛있고 다양하게 즐길 수 있도록 만든 제품들이에요. 원물 그대로의 닭가슴살을 먹는 게 가장 좋지만, 지속 가능한 다이어트를 위해 식단에 적절히 활용해요. 주로 구비하는 제품으로는 닭가슴살로 만든 소시지, 스테이크, 만두가 있어요.

오트밀

건강한 탄수화물인 귀리에 열을 가해 압착시켜 만든 오트밀에는 단백질과 식이섬유가 풍부하게 들어 있어요. 분쇄 정도에 따라 다양한 종류로 나뉘는데, 가공이 덜 된 것일수록 건강에는 이롭지만, 조리 시간 단축을 위해 입자가 얇고 작은 퀵오트밀을 주로 사용해요.

위트빅스

통곡물을 페이스트리처럼 얇게 쌓아 올려 씹을수록 고소한 맛이 나는 위트빅스는 저칼로리 아이스크림을 곁들이거나 단맛이 나는 재료들과 함께 먹을 때가 가장 맛있어요. 공기 중의 수분을 흡수해 눅눅해지거나 곡물벌레가 꼬일 수 있으니 지퍼백에 밀봉해 보관하는 걸 추천할게요.

프로틴파우더

프로틴파우더를 다이어트 요리에 넣어 단백질 공급원으로도 활용할 수 있어요. 달콤한 맛을 내는 대체감미료가 들어 있어 끼니 사이 출출할 때 요거트나 두유에 섞어 간식으로 먹기도 좋고, 빵이나 토스트를 만들 때 곁들이기에도 좋은 아이템이에요.

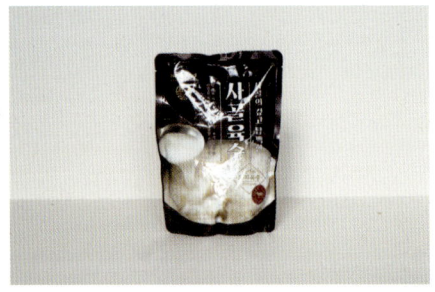

레토르트 사골육수

다이어트할 때 절대 먹어서는 안 되는 고지방 고열량 식품으로 인식되어 있지만, 500ml당 30~50kcal 내외의 레토르트 사골육수 제품을 마트에서 어렵지 않게 찾을 수 있어요. 사골육수 한 팩에 닭가슴살, 현미밥을 넣으면 영양감 있고 간편한 한 끼 식사를 할 수 있어요.

양념 재료

알룰로스

설탕의 1/10 정도 되는 칼로리와 체내에 흡수되지 않고 소변으로 배출되는 특성 때문에 다이어터라면 하나쯤 꼭 구비해 두는 액상형 설탕 대체식품이에요. 실온에 보관하며 사용하되 한 번에 너무 과도한 양을 섭취하면 복통과 설사의 원인이 되니 적정량을 지켜 사용하도록 해요.

에리스리톨

가루 형태의 설탕 대체식품인 에리스리톨은 끝맛에서 다소 청량감이 느껴지지만 가열해도 단맛이 줄어들지 않아 설탕을 대체하기에 충분해요. 다만 알룰로스와 마찬가지로 적정량을 지켜 섭취하는 것을 권장해요.

레몬즙

신선한 레몬을 직접 짜서 즙을 내는 것이 레몬 본연의 향긋함을 느끼기에 좋지만 편리함을 위해 시중 레몬즙을 사용해요. 요리에 상큼한 맛을 더하기도 하지만 특정 재료가 들어간 음식과 함께 할 땐 풍미를 돋우는 역할을 해요. 이유없이 식욕이 돋을 때 시원한 물 한 잔에 레몬즙 한 스푼을 넣어 마시면 가짜 배고픔이 해소되기도 해요.

바질페스토

바질잎, 치즈, 잣, 올리브오일 등의 재료를 블렌딩해 만든 이 소스는 소량으로도 음식의 맛을 한층 고급스럽게 바꿔줘요. 주로 샌드위치나 파스타에 사용되어 감칠맛을 내지만 이 책에는 신선한 레시피를 담으려고 노력했어요. 개봉 후 장시간 냉장 보관 하면 곰팡이가 생길 수 있으니 실리콘 얼음 틀에 소분해 냉동해 두고 먹어요.

무가당머스터드, 저당케첩

단맛이 없는 옐로머스터드와 저당케첩은 냉장고에 늘 구비하는 아이템이에요. 간편하게 식사를 해결할 때 닭가슴살이나 소시지를 찍어 먹기도 하고, 그릭요거트와 섞어 샌드위치소스를 만드는 등 다양한 요리에 쓰임새가 좋아요.

기본 액체 양념

소금 대신 요리에 넣으면 맛이 훨씬 깊어져서 자주 활용해요. 멸치액젓과 가쓰오부시장국은 한식 위주의 국물요리에, 치킨스톡은 닭가슴살이 주재료가 되는 요리나 양식에 잘 어울려요. 이 세 가지 재료는 염도가 높으니 한꺼번에 많은 양을 넣기보다는 음식의 간을 보면서 조금씩 추가하도록 하세요.

기본 고체 양념

요리의 기본이 되는 소금과 후추는 그라인더 형태의 제품을 주로 사용하는데, 향긋한 허브향이 가미된 허브솔트는 후추, 소금, 파슬리를 섞는 것으로 대체할 수 있어요. 이 밖에 매운맛을 더하는 크러시드페페론치노와 음식의 마무리를 담당하는 파슬리가루를 구비하면 요리의 완성도가 높아져요.

Ingredients.

나지의 장바구니 목록

제가 냉장고와 찬장에 늘 구비해 두는 간편식품의 브랜드를 표로 정리했어요.
구매 시점에 상품이 품절인 경우 다른 제품으로 대체하기도 하지만 수년간 꾸준히 재구매해 온 아이템들입니다.
꼭 같은 재료를 사용할 필요는 없지만 이 책에 나온 레시피와 가장 비슷한 맛을 내고 싶다면 구매에 참고하세요.

종류	품목
곡물	곰곰 통밀식빵 420g
	브로드카세 발효종 순수 통밀빵 700g
	디벨라 통밀스파게티 파스타면 500g
	위트빅스 오리지날 시리얼 375g
	밥스레드밀 오가닉 퀵 쿠킹 롤드 오트 홀 그레인 907g
	하늘사랑 치아씨드 450g
	엄마딸건강상회 볶은 흑임자 가루 250g
단백질	수지스 그릴드 닭가슴살 550g
	비비고 닭가슴살 왕교자 만두 라이트 455g
	하림 닭가슴살 소시지 훈제 120g
	Better me 닭가슴살 스테이크 플레인 100g
	이츠웰 냉동 흰다리 새우살 (31/40) 450g
	뉴핏 투에니포 뉴트리 다이어트 쉐이크 초코맛 750g
유제품 및 식물성 음료	커클랜드 무지방 그릭요거트 907g
	매일유업 매일두유 99.9% 950ml
	세니테리엄 아몬드 밀크 언스위트 1000ml
	덴마크 짜지 잃은 치즈 오리지닐 252g
	푸디즈 콰트로 슈레드 눈꽃치즈 500g
	알라 크림치즈 라이트 150g
소스	큐원 트루스위트 알룰로스 700g
	자연지애 에리스리톨 1:1 눈꽃 스테비아 400g
	청정원 쉐프의 치킨스톡 340g
	청정원 대나무 숙성 멸치액젓 500g
	비비드키친 저칼로리 토마토 케첩 280g
	하인즈 옐로우 머스타드 396g
	폰타나 몬티첼리 로스티드 갈릭 토마토 파스타소스 600g
	베르니 바질페스토 195g
	피넛버터앤코 피넛버터 올드패션드 크런치 454g
	피넛버터앤코 피넛파우더 퓨어피넛 184g

cooking

기본 재료 손질과 조리법

식재료의 보관기간을 늘리고 요리 시간을 줄이기 위해 사전 준비가 필요한 재료들이 있어요.
알아두면 유용한 조리법도 보기 좋게 정리했으니 천천히 따라 하며 익숙해져 보세요.

식사빵 굽기

1. 프라이팬에 굽기

중약불로 예열한 팬에 빵을 얹고 앞뒤로 30~40초씩 굽는다.

2. 에어프라이어에 굽기

에어프라이어에 빵을 넣고 180도로 3~4분간 굽는다.

3. 토스터에 굽기

토스터에 빵을 넣고 170도로 4~5분간 굽는다.

TIP
- 모든 식사용 빵은 구매 즉시 지퍼백 또는 밀폐용기에 담아 냉동 보관 하고, 별도의 해동 없이 바로 구워요.
- 사용하는 화구의 화력이나 기기에 따라 열전도율이 다르므로, 굽기 상태를 확인하면서 내가 사용하는 기기 또는 팬에서의 최적 굽기 시간을 알아두세요.

삶은 달걀 & 수란 만들기

1. 반숙 삶기

달걀이 완전히 잠길 정도의 물에 약간의 소금을 넣는다. 가볍게 휘저은 다음 물이 끓기 시작한 이후 약 8분간 삶아 건져낸다. 찬물에 담가 열기를 충분히 식힌 뒤 껍질을 벗긴다.

2. 완숙 삶기

달걀이 완전히 잠길 정도의 물에 약간의 소금을 넣는다. 가볍게 휘저은 다음 물이 끓기 시작한 이후 약 13분간 삶아 건져낸다. 찬물에 담가 열기를 충분히 식힌 뒤 껍질을 벗긴다.

3. 수란 만들기

약 800ml 정도의 물에 식초 1/3스푼과 소금 한 꼬집을 넣는다. 물이 끓어오르면 약불로 줄이고 달걀을 중앙에 깨뜨려 넣는다. 젓가락으로 냄비의 가장자리를 한 방향으로 조심스럽게 저어가며 회오리를 만들고 약 2분간 익힌다. 국자 또는 체로 건져낸 후 찬물에 담가 식힌다.

TIP
- 사용하는 화구의 화력이나 달걀의 크기에 따라 익힘 정도에 차이가 있어요.

병아리콩 삶기

1. 불리기

흐르는 물에 손으로 문질러가며 여러 번 씻은 후 병아리콩 양의 2.5배에 해당하는 정수물을 붓고 6시간 이상 충분히 불린다. 겨울철에는 상온, 여름철에는 냉장고에 넣고 불린다.

2. 삶기

반나절 이상 충분히 불어난 콩에 2배 이상의 물과 약간의 소금을 넣고 25~30분간 삶되 끓어오르며 생기는 거품은 걷어낸다. 손가락으로 가볍게 눌렀을 때 부서지면 잘 삶아진 것이다.

3. 보관하기

체에 밭쳐 물기를 뺀 다음 충분히 식히고, 3~5일 이내 먹을 양은 밀봉해 냉장 보관을, 오래 두고 먹을 양은 냉동 보관을 한다.

TIP
- 기호에 따라 다 삶아진 병아리콩의 껍질을 벗겨도 되고 그냥 먹어도 무방해요.

단호박 찌기

1. 씨 빼기

깨끗이 씻은 단호박을 전자레인지에 넣고 2분간 조리 후 반으로 갈라 수저로 씨를 파낸다.

2. 찌기

씨를 파낸 단호박을 적당한 크기로 잘라 전자레인지용 찜기 또는 오목한 접시에 물 5스푼과 함께 담는다. 뚜껑을 덮고 전자레인지에 약 4~5분간 조리한다.

3. 보관하기

충분히 식히고 밀폐용기 또는 지퍼백에 담아 냉동실에 보관한다.

TIP
- 냉동 보관 시 단호박이 서로 달라붙지 않도록 충분한 간격을 두거나, 종이호일을 잘라 덧대도록 해요.

cookset

이런 도구가 있으면 편해요

야채탈수기
샌드위치를 만들거나 달궈진 팬에 올려 조리하는 잎채소의 물기를 제거할 때 유용해요.

야채다지기
여러 가지 채소를 다져야 할 때 칼 대신 사용하면 균일한 크기로 빠르게 다질 수 있어요.

블렌더
각종 스무디나 소스, 반죽 재료를 한데 넣고 갈아주기만 하면 되니 간편해요.

믹싱볼
작은 그릇에 담기 힘든 많은 양의 재료를 섞을 때, 또는 양념한 재료를 재워둘 때 사용해요.

전자렌지용 찜기
냄비 없이 단호박을 찌거나 전자레인지로 간단한 요리를 할 수 있게 도와줘요.

종이호일
에어프라이어 조리 시 눌어붙지 않도록 음식 아래 깔거나, 샌드위치를 포장하는 데 쓰여요.

계량저울
재료의 적정 섭취량을 파악하는 데 도움을 주고, 보다 정확한 맛을 내기 위해 필요해요.

체
씻은 재료의 물기를 제거하거나, 끓는 물에 데친 재료를 건져낼 때 사용해요.

200ml 계량컵
50ml 높이마다 눈금이 새겨진 컵으로, 종이컵 1컵의 용량과 비슷해요.

빵칼
샌드위치나 빵을 식칼보다 힘을 덜 들이고 자를 수 있게 도와주는 도구예요.

유리볼
소스 재료를 담아 섞을 때 주로 사용하는 작은 사이즈의 유리볼이에요.

measuring
간편 계량하기

누가 만들어도 최대한 비슷한 맛을 낼 수 있도록
제가 사용하는 계량 도구와 재료별 간편 계량법을 소개해요.

스푼 계량

☑ 너무 크지도, 작지도 않은 일반적인 사이즈의 성인용 스푼을 사용하도록 해요.

☑ 1스푼을 기준으로 액체류는 가장자리가 넘치지 않게 찰랑찰랑한 높이로 담고 그릭요거트, 된장과 같이 점성이 있는 장류, 에리스리톨과 같은 알갱이류는 스푼 위로 1cm 정도 올라오게 담아요.

가루 계량

1스푼   1/2스푼   1/3스푼

액체 계량

1스푼   1/2스푼   1/3스푼

장류 계량

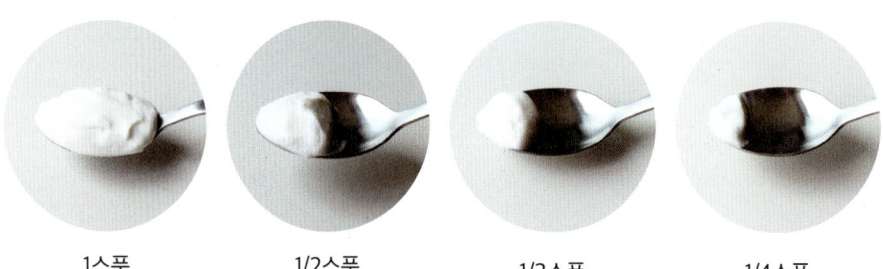

1스푼   1/2스푼   1/3스푼   1/4스푼

컵 계량

- ☑ 50ml마다 눈금이 새겨진 200ml 용량의 계량컵(종이컵으로 대체 가능)을 사용했어요.

1컵(200ml)   1/2컵(100ml)   1/3컵(80ml)   1/4컵(50ml)

한 줌 계량

- ☑ 손을 오목하게 만들어서 가운데 부분에 넘치지 않게 들어가는 양을 한 줌으로 표기했어요.

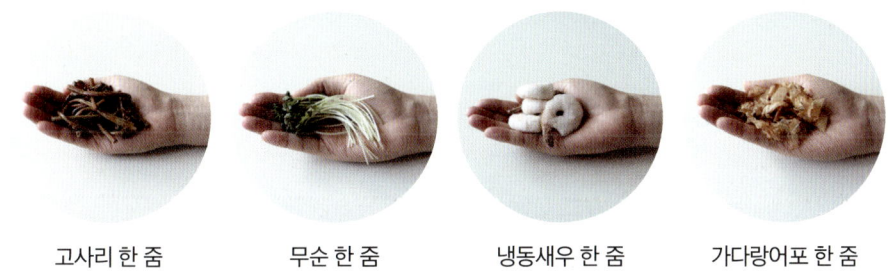

고사리 한 줌   무순 한 줌   냉동새우 한 줌   가다랑어포 한 줌

기타

- ☑ 양파, 사과 등의 과채류는 눈으로 보아 너무 크거나 작게 느껴지지 않는 보통의 사이즈를 기준으로, 별도의 계량 없이 1/4개, 1개 등으로 표기했어요. 이들 재료는 정확한 분량이 아니어도 괜찮으니 취향에 따라 가감해도 좋아요.
- ☑ 계량이 불가해 '약간'으로 표시한 소금, 후추 등의 극소량 양념 재료는 음식의 맛을 보며 적당량 첨가해요.

-plating-

식이 만족도를 높이는 플레이팅 노하우

직접 만든 음식을 더 가치 있게 즐기는 방법이 플레이팅이라고 생각하는 저는
늘 요리에 앞서 식기를 고민해요. 정성 가득한 음식을 예쁘게 담아낼 때 뿌듯함이 배가 됩니다.

1. 미니멀한 디저트에는 지름 14~18cm의 접시를 추천해요

저는 지름 14~18cm의 디저트 접시, 지름 20~28cm의 식사용 메인 접시를 구분해서 사용하고 있어요. 접시가 비어 보이지 않아야 담은 음식이 더 예뻐 보이고 시각적인 포만감을 더 크게 느낄 수 있다고 생각하기 때문이에요.

2. 색감이 단조롭고 밋밋한 요리는 컬러감 있는 식기와 매치해요

집에서 만드는 모든 음식이 화사하고 예쁠 수는 없죠. 그럴 땐 색감이 진하거나 화려한 패턴이 있는 식기를 과감하게 활용해 보세요. 한층 더 먹음직스러운 담음새가 완성될 거예요.

3. 어딘가 허전하고 비어 보인다면 패턴과 림을 기억하세요

다이어트에는 양 조절이 필수이기에 보통의 성인 기준 1인분이 담기는 메인 접시를 가득 채우지 못할 때가 많아요. 음식으로 채우지 못한 빈 공간을 접시 가장자리의 라인 또는 패턴이 채워줄 수 있다는 걸 기억하면 플레이팅이 쉬워져요.

4. 국물요리는 건더기를 먼저 담아 중앙에 배치해요

오목하고 넓은 식기에 주로 담는 국물요리는 건더기를 먼저 건져내어 중앙 부분에 볼록하게 올라오도록 담은 뒤에 남은 국물을 가장자리에 따른다는 느낌으로 담아내세요. 훨씬 정갈하고 먹음직스러워 보일 거예요.

5. 붉은 컬러의 음식에는 녹색의 포인트가 필요해요

고춧가루나 토마토소스가 들어간 음식은 너무나 맛있지만 빨갛기만 한 음식을 사진 속에 예쁘게 담기란 정말 어려워요. 한식에는 파, 부추, 고추, 깻잎! 양식에는 루꼴라, 파슬리, 바질페스토! 이걸 공식처럼 기억해 두세요.

6. 우드식기에는 채도가 높지 않은 음식을 담아요

나무로 만들어진 식기들은 관리하기가 조금 까다롭지만 그만의 차분한 분위기가 좋아 종종 꺼내게 돼요. 개인적으로 색감이 너무 튀지 않는 한식이나 빵류와 매치했을 때 가장 마음에 들어요.

-packing-
종이호일 샌드위치 포장법

집에서 만든 샌드위치를 종이호일 하나만으로 예쁘게 포장할 수 있어요.
샌드위치를 자른 후에는 빵과 속재료들이 쉽게 마르기 때문에 밀프랩용의 경우
자른 단면을 랩으로 감싸거나 공기가 통하지 않는 밀폐용기에 담는 걸 추천해요.

❶ 뚱샌드위치를 기준으로 30cm 너비의 종이호일을 50~60cm 길이로 커팅하고 샌드위치를 얹어요.

❷ 샌드위치 위아래의 종이호일 끝부분이 서로 마주 닿도록 잡아요.

❸ 샌드위치를 가볍게 누르면서 마주 잡은 부분을 아래로 꺾어 접어요. 더 이상 눌러지지 않을 때까지 반복해요.

❹ 한 손으로 샌드위치를 꾹 누른 상태로 양옆에 남은 종이호일을 선물박스를 포장하듯 눌러 접고 뒤로 젖혀요.

❺ 접힌 띠 부분이 도마와 수평을 이루도록 놓고, 샌드위치의 양끝을 엄지와 중지로 고정한 뒤 톱질하듯 잘라요.

❻ 반을 갈라 자른 단면이 위를 향하도록 플레이팅하면 완성!

상황별 레시피 추천 Best 6

1. 운동 후 빠르고 간편한 단백질 식사가 필요할 때

운동 후에는 충분한 단백질과 함께 적정량의 탄수화물 섭취도 필요해요. 배가 너무 고프거나 시간이 없어 빠른 식사를 해야 할 땐 단백질쉐이크 등의 간편식으로 대체하기도 하지만, 만드는 시간이 오래 걸리지 않고 단백질이 풍부한 레시피를 활용해 직접 만들어 먹는 습관을 들여보세요.

닭가슴살퀘사디아 048쪽

고단백바나나토스트 058쪽

프로틴웜볼 092쪽

고사리깻잎볶음밥 126쪽

두부면냉모밀 216쪽

녹차그린스무디 232쪽

2. 배달음식만큼 자극적인 맛이 필요할 때

피곤하고 지친 저녁이면 어김없이 터져버리는 식욕! 그럴 때 배달 어플을 켜기 전에 이 요리들을 먼저 펼쳐봤으면 해요. 배달음식만큼 맛있지만 다이어트 중에 먹어도 부담스럽지 않은 칼로리와 영양 성분을 갖춘 레시피들이에요. 오늘의 폭식을 참아낸 나를 내일의 내가 마음껏 칭찬해 주세요.

스테이크깻잎볶이 078쪽

양배추짜장수제비 084쪽

에그인바질페스타 116쪽

누들컵닭개장 138쪽

바질크림수제비 156쪽

토마토액젓파스타 178쪽

3. 커피 타임에 함께 할 디저트가 필요할 때

식후 커피 타임에 꼭 달콤한 과자나 빵을 찾는 습관이 있다면 건강한 디저트를 미리 만들어 냉장고에 넣어두고 조금씩 꺼내 먹어요. 바삭함, 쫀득함, 짭짤함을 고루 충족시킬 수 있도록 다양한 간식들을 준비했어요.

휴게소병아리콩 272쪽

흑임자쫀떡 274쪽

저탄수땅콩쿠키 276쪽

호두정과 278쪽

위트빅스요거트바 280쪽

병아리콩에너지바 282쪽

4. 점심 도시락을 준비해야 할 때

출근이나 등교 준비를 서둘러야 하는 아침에 만드는 점심 도시락은 빠르게 만들 수 있어야 해요. 아래 메뉴들은 포만감이 좋아서 남은 오후 시간을 간식 없이도 배고프지 않게 보낼 수 있도록 해줘요. 차게 식어도 맛있으니 전자레인지에 돌리지 않고 그냥 먹어도 좋아요.

유부낫또김밥 104쪽

고사리깻잎김밥 120쪽

팽이간장오므라이스 130쪽

참나물두부무침밥 224쪽

그릭올리브샌드위치 244쪽

단호박잼샌드위치 254쪽

5. 변비 탈출이 필요할 때

다이어트를 시작하고 식사량이 줄어들면서 화장실을 가는 횟수도 부쩍 줄어드는 경험은 썩 유쾌하지 않아요. 묵직한 아랫배가 편안함을 되찾을 수 있도록 식이섬유가 풍부한 음식을 충분히 섭취해 주세요. 일과 중에 틈틈이 물도 마셔주고 쾌변을 위한 노력을 게을리하지 마세요.

병아리콩스무디볼 062쪽

치아씨드스무디 094쪽

참나물게맛살전 112쪽

바지락미역죽 128쪽

고사리범벅 204쪽

단호박콩오트밀 228쪽

6. 감량 부스터 효과가 필요할 때

여행이나 외식 약속이 예정되어 있을 때, 며칠간 과식 후 다이어트를 결심했을 때 이 요리들이 도움이 될 거예요. 다시 식사량을 줄이고 몸 안에 쌓인 노폐물과 붓기를 제거하는 데 효과적인 재료들이 듬뿍 들어 있어요.

단호박요거트스무디 088쪽

임자있는보틀샐러드 196쪽

간장미역비빔밥 206쪽

고사리두부김치 220쪽

수제비미역국 222쪽

흑임자두부쉐이크 230쪽

It's me Diet Recipe

재료 손질부터 접시에 담아내기까지 딱 10분이면 충분한 요리들이에요.
장시간 조리가 필요한 재료보다는 완조리 식품과 간편식을 중심으로
재료별 맛의 조합을 고려해 만들었어요.
이 중에서 마음에 드는 몇 가지를 골라 단골 메뉴로 정해두면
어느 순간엔 레시피를 보지 않고도 손이 먼저 움직이게 될 거예요.

Part 1

10분이면 충분해요!
초스피드 식단

It's me Diet Recipe

베리피넛토스트

◆

식이섬유가 가득한 치아베리잼과 단백질이 풍부한 땅콩스프레드를 바른 모닝 토스트예요.
프라이팬 위에서 살짝 녹은 듯한 잼과
스프레드의 매력을 경험했다면 그 맛을 쉽게 잊기는 어려울 겁니다.

Ingredients

- ☐ 통밀식빵 2장
- ☐ 무가당땅콩파우더 1+1/2스푼
- ☐ 무가당두유 1+1/2스푼
- ☐ 소금 약간
- ☐ 치아베리잼 1+1/2스푼(또는 저당잼) 288쪽
- ☐ 올리브오일 약간(옵션)

Recipe

❶

땅콩파우더, 두유, 소금을 볼에 섞어 땅콩스프레드를 만든다.

❷

식빵의 한쪽 면에는 스프레드를, 다른 한쪽 면에는 치아베리잼을 바른다.

❸

스프레드와 잼을 바른 면이 서로 마주 보도록 겹친다.

❹

약불로 예열한 팬에 올리브오일(옵션)을 두르고 ❸을 얹어 앞뒤로 노릇하게 굽는다.

TIP 올리브오일은 스프레이를 활용해 뿌리거나, 팬에 두른 뒤 키친타월로 닦아내 최대한 적은 양을 사용해요.

It's me Diet Recipe

굿모닝위트빅스

◆

통곡물시리얼은 수분을 빠르게 흡수하는 특성 때문에 아침 식사에 활용하기 좋아요.
밤새 불려두는 과정 없이도 오버나이트오트밀의 고소한 맛과 충분한 포만감을 느낄 수 있고
그저 담백한 맛이라 공복에 먹어도 속이 편안합니다.

Ingredients

- ☐ 위트빅스 2조각
- ☐ 무가당두유 3/4컵(150ml)
- ☐ 물 1/4컵(50ml)
- ☐ 바나나 1/2개
- ☐ 무지방그릭요거트 1스푼(25g)

Topping

- ☐ 바나나 1/2개
- ☐ 카카오닙스 1스푼
- ☐ 무가당땅콩버터 1/2스푼
- ☐ 아몬드 5~6알(옵션)
- ☐ 코코넛슬라이스(옵션)

Recipe

❶

바나나를 볼에 담아 포크로 으깨고 그 위에 위트빅스를 손으로 가볍게 부숴 넣는다.

❷

두유, 물, 그릭요거트를 넣는다. 위트빅스가 충분히 불어나도록 저어가며 섞는다.

TIP 바나나의 당도가 떨어져 단맛이 부족하게 느껴진다면 이 과정에서 알룰로스 1스푼을 넣어요.

❸

토핑용 바나나를 한 입 크기로 자른다.

❹

❷ 위에 자른 바나나와 나머지 토핑 재료를 올려 완성한다. 수저로 가볍게 섞어가며 먹는다.

It's me Diet Recipe

닭가슴살퀘사디아

◆

재료와 과정을 간소화하면 복잡해 보이는 요리도 간단하게 만들 수 있어요.
토마토소스에 버무린 닭가슴살을 또띠아에 넣어 굽기만 하면 완성되는 간편식이지만
양파를 다져 넣은 그릭요거트소스와 함께 먹으니 이렇게 맛있는 브런치가 또 없습니다.

Ingredients

- ☐ 통밀또띠아(지름15cm) 2장
- ☐ 완조리닭가슴살 1개
- ☐ 토마토파스타소스 2스푼
- ☐ 파마산치즈가루 1/2스푼

Sauce (디핑용)

- ☐ 무지방그릭요거트 2스푼(50g)
- ☐ 양파 1/4개(50g)
- ☐ 파슬리 약간

Recipe

❶ 닭가슴살을 손으로 잘게 찢어 볼에 담는다.

TIP 닭가슴살 염도에 따라 약간의 소금을 추가해도 좋아요.

❷ ❶에 토마토소스와 파마산치즈가루를 넣어 섞는다.

TIP 이 과정에서 페페론치노를 추가로 넣으면 조금 매콤한 맛으로도 즐길 수 있어요.

❸ 통밀또띠아 위에 ❷를 절반씩 나눠 올리고 반으로 섭는다.

❹ 팬을 약불로 예열한 뒤 퀘사디아를 올리고, 앞뒤로 바삭하게 굽는다.

TIP 생채소를 곁들이고 싶다면 퀘사디아를 다 구운 다음 한 김 식히고, 또띠아를 조심히 벌려서 넣어요.

❺ 볼에 양파를 잘게 다져 넣고 그릭요거트와 파슬리를 섞어 디핑소스를 만든다.

TIP 퀘사디아가 구워지는 시간을 활용해 만들어요.

❻ 완성된 퀘사디아와 디핑소스를 접시에 담아내고 퀘사디아에 디핑소스를 조금씩 얹어 먹는다.

It's me Diet Recipe

콩치즈에그슬럿

◆

다이어터에게 너무나 친숙한 메뉴인 '단호박에그슬럿'을 조금 색다르게 먹고 싶었던 날
우연히 만들어본 레시피인데 정말 맛있어서 여러분께도 소개드려요.
소금 대신 파마산치즈가루를, 달걀 하나 대신 병아리콩을 넣어보세요!

Ingredients

- ☐ 냉동단호박 110g 027쪽 참고
- ☐ 삶은 병아리콩 2스푼 026쪽 참고
- ☐ 달걀 1개
- ☐ 슈레드피자치즈 1+1/2스푼
- ☐ 파마산치즈가루 약간
- ☐ 파슬리 약간

Recipe

❶

단호박을 냉동 상태 그대로 오목한 그릇에 담는다. 달걀 하나를 깨뜨려 넣고 노른자를 터뜨린다.

❷

병아리콩과 파마산치즈가루를 위에 얹는다.

❸

피자치즈를 얹고, 물을 담은 그릇과 함께 전자레인지에 약 4분 조리한다.

TIP 물을 담은 그릇과 함께 전자레인지에 조리하는 이유는 수분 증발을 막기 위해서이니 랩을 씌우는 것으로 대신해도 좋아요. 익히는 시간은 전자레인지 사양에 따라 조절해요.

❹

파슬리를 뿌려 마무리한다.

It's me Diet Recipe

약과 요거트볼

◆

씹을수록 고소하고 달콤한 약과는 아이스크림만큼이나 요거트와도 맛 조합이 좋아요.
여기에는 질감이 묽은 요거트보다 유청이 충분히 걸러진 꾸덕한 요거트가 잘 어울린답니다.

Ingredients

- 위트빅스약과 2~3조각 290쪽 참고
- 체리 4개
- 꾸덕한 그릭요거트 4스푼(100g)
- 바나나 1/2개

Recipe

❶ 그릭요거트를 접시에 넓게 펼쳐 담는다.

❷ 위트빅스약과를 손으로 부숴 그릭요거트 위에 얹는다.

❸ 넉넉 좋게 사른 바나나와 체리를 도핑한다.

TIP 바나나+사과 또는 바나나+딸기를 토핑해도 맛 조합이 훌륭해요.

It's me Diet Recipe

바나나프렌치토스트

◆

으깬 바나나에 오트밀과 달걀을 섞고 전자레인지로 완성한 초간단 프렌치토스트예요.
더 건강하고 담백하게 즐기고 싶다면 샌드위치햄과 슬라이스치즈 없이 만들어도 좋습니다.

Ingredients

- 바나나 1개
- 달걀 2개
- 퀵오트밀 3스푼(25g)
- 슬라이스치즈 1장
- 샌드위치햄 2장
- 알룰로스 1스푼
- 바닐라오일 1/3스푼(옵션)

Recipe

❶ 바나나 2/3개를 컵에 담고 으깬다.
TIP 남은 바나나는 토핑으로 활용해요.

❷ ❶에 알룰로스, 오트밀, 바닐라오일(옵션)을 넣고 섞어 반죽을 만든다.

❸ 사각 용기에 절반의 반죽을 붓고 전자레인지에 1분 조리한다.

❹ ❸ 위에 슬라이스치즈와 샌드위치햄을 올린 뒤 남은 반죽을 모두 붓고 전자레인지에 3분~3분 30초 조리한다.

❺ ❹를 접시 위에 엎는다.
TIP 토스트를 접시에 옮기지 않고 그대로 스푼으로 떠먹어도 좋아요.

❻ 남은 바나나 또는 여분의 과일을 토핑한다.

It's me Diet Recipe

참나물과카몰리토스트

♦

잘 익은 아보카도를 맛있게 먹는 방법 중 하나인 과카몰리에 저만의 레시피로 참나물을 더해봤어요.
아보카도의 크리미함과 참나물의 개운함, 양파의 알싸함이 더해져 입 안이 깔끔하게 정화되는 기분입니다.

Ingredients

- ☐ 통밀식빵 1장
- ☐ 아보카도 1/2개
- ☐ 토마토 1/3개(또는 방울토마토 3개)
- ☐ 양파 1/6개(25g)
- ☐ 참나물 3줄기(7g)
- ☐ 파마산치즈가루 1/3스푼
- ☐ 레몬즙 1/2스푼
- ☐ 소금 약간
- ☐ 통후추 약간

Recipe

❶ 식빵을 노릇하게 굽는다. 024쪽 참고

❷ 껍질을 벗긴 양파는 잘게 다지고 깨끗이 씻은 토마토와 참나물은 한 입 크기로 자른다.

TIP 참나물의 두꺼운 줄기 부분은 잘라내고 잎 부분 위주로 사용해요.

❸ 아보카도를 볼에 담아 으깨고 파마산치즈가루, 레몬즙, 소금, 통후추를 넣고 섞는다.

❹ ❸에 ❷를 넣고 비무린다.

❺ 구운 식빵 위에 얹어 완성한다.

TIP 페페론치노를 곁들여 매콤한 맛으로도 먹을 수 있어요.

It's me Diet Recipe

고단백바나나토스트

◆

바삭하게 구운 식빵에 고단백초코스프레드를 바르고 달콤한 바나나를 한 입 크기로 잘라 얹어보세요.
겉보기엔 단순한 토스트지만 매일 아침마다 먹고 싶을 만큼 맛있습니다.

Ingredients

- [ ] 통밀식빵 1장
- [ ] 바나나 1/2개
- [ ] 초코맛 프로틴파우더 1+1/2스푼(25g)
- [ ] 무가당두유 1+1/2스푼

Recipe

❶ 식빵을 노릇하게 굽는다. 024쪽 참고

❷ 바나나를 한 입 크기로 자른다.

❸ 초코맛 프로틴파우더와 무가당두유를 섞어 초코스프레드를 만든다.

TIP 단맛이 적거나 초코향이 옅은 프로틴파우더를 사용한다면 이 과정에서 알룰로스와 무가당코코아파우더를 추가해요.

❹ 구운 식빵 위에 초코 스프레드를 퍼 바르고 썰어둔 바나나를 얹어 완성한다.

It's me Diet Recipe

크리미에그토스트

◆

마요네즈에 버무린 에그샐러드는 정말 맛있지만 이제부턴 건강을 위해 그릭요거트에 버무려보세요.
산미가 적고 고소한 맛이 강한 요거트로 만든다면 크림치즈를 넣지 않아도 충분히 맛있을 거예요.

Ingredients

- 호밀빵 1조각 (또는 통밀식빵)
- 삶은 달걀 2개 025쪽 참고
- 무지방그릭요거트 1스푼(25g)
- 저지방크림치즈 1/2스푼
- 알룰로스 1+1/2스푼
- 소금 약간
- 파슬리 약간(옵션)

Recipe

❶ 호밀빵을 노릇하게 굽는다.

❷ 삶은 달걀은 껍질을 까고 볼에 담아 으깬다.

❸ ❷에 그릭요거트, 크림치즈, 알룰로스, 소금을 넣고 섞는다.

TIP 질감이 묽고 산미가 강한 무지방그릭요거트의 맛을 중화시키기 위해 크림치즈를 첨가했어요. 꾸덕하고 고소한 그릭요거트를 사용한다면 크림치즈는 생략해도 좋아요.

❹ 구운 호밀빵 위에 얹어 완성한다. 파슬리(옵션)를 뿌린다.

It's me Diet Recipe

병아리콩스무디볼

◆

영양이 풍부한 병아리콩과 달콤한 바나나가 만나 디저트만큼 달콤하고 고소한 스무디가 되었어요.
포만감을 위해서는 묽게 만들어 호로록 마시기보다 그릇에 담아 수저로 떠먹는 걸 추천해요!

Ingredients

- ☐ 냉동바나나 1개
- ☐ 삶은 병아리콩 2/3컵 026쪽 참고
- ☐ 무가당두유 2/3컵(120ml)
- ☐ 알룰로스 1스푼

Topping (옵션)

- ☐ 저당그래놀라 1스푼
- ☐ 바나나 1/3개

Recipe

❶ 옵션 재료를 제외한 모든 재료를 블렌더에 넣고 갈아준다.

❷ 볼에 옮겨 담는다. 취향에 따라 바나나와 그래놀라를 얹어 완성한다.

It's me Diet Recipe

바질토마토팬케이크

◆

바질과 가장 잘 어울리는 재료를 꼽으라면 토마토를 이야기하는 분들이 많아요.
하지만 바질과 토마토로 만든 팬케이크는 어디에서도 보지 못했을 거예요.
토마토의 상큼함과 바질페스토의 향긋함이 부드럽게 조화를 이루는 팬케이크를 만나보세요.

Ingredients

- ☐ 스테비아방울토마토 6개
  (또는 달짝이토마토 1개)
- ☐ 달걀 2개
- ☐ 퀵오트밀 3스푼
- ☐ 바질페스토 1/2스푼
- ☐ 무지방그릭요거트 1스푼
- ☐ 올리브오일 1스푼

Topping

- ☐ 저지방크림치즈 1스푼
- ☐ 알룰로스 2스푼
  (또는 메이플시럽, 아가베시럽)

Recipe

❶ 토핑을 제외한 재료를 한꺼번에 블렌더에 담는다. 곱게 갈아 반죽을 만들어준다.

TIP 단맛이 적은 일반 토마토나 방울토마토로 만들 때는 에리스리톨 1/2~1스푼을 추가로 넣고 갈아요.

❷ 약불로 예열한 팬에 반죽을 얇게 펼쳐 앞뒤로 굽는다. 이 과정을 두 번 반복한다.

TIP 팬 코팅이 충분하지 않다면 굽기 전에 올리브오일을 추가로 둘러요.

❸ 완성된 팬케이크를 접시 또는 도마에 얹고 크림치즈를 바른다.

❹ 팬케이크를 접어서 접시 위에 얹고 알룰로스를 뿌려 완성한다.

It's me Diet Recipe

딸기바나나오트밀

◆

저는 어릴 적부터 딸기바나나스무디를 정말 좋아해서 참 많이 먹었어요.
오트밀을 활용해 그 맛을 그대로 구현했습니다.
딸기의 상큼함을 돋보이게 하는 레몬즙은 가능하면 꼭 넣어주세요.

Ingredients

- [ ] 바나나 1/3개
- [ ] 딸기 3개(70g)
- [ ] 퀵오트밀 4스푼(30g)
- [ ] 저지방우유 3/4컵(150ml)
- [ ] 레몬즙 1/3스푼
- [ ] 알룰로스 1스푼

Topping (옵션)

- [ ] 딸기 1개
- [ ] 치아씨드 1/3스푼
- [ ] 코코넛슬라이스 1/2스푼

Recipe

❶ 딸기와 바나나를 볼에 담아 으깬다.

❷ ❶에 오트밀, 우유, 레몬즙, 알룰로스를 넣고 잘 섞는다. 전자레인지에 2분 조리한다.

TIP 이때 전자레인지 안에서 끓어 넘칠 수 있으니 중간중간 상태를 확인해요.

❸ 원하는 토핑을 얹어 완성한다.

더 맛있게 먹는 법 미리 만들어 6시간 이상 냉장고에 넣어두면 전자레인지에 조리하는 과정 없이 차갑게 먹을 수 있어요.

It's me Diet Recipe

바질페스토요거볼

◆

매일 먹는 요거트볼을 조금 이색적으로 먹고 싶은 날 바질페스토를 넣어 섞어보세요.
바질페스토요거트에는 시원한 냉동 과일이나 골드키위, 사과, 청포도 등의 상큼한 과일 토핑을 추천할게요.

Ingredients

- [ ] 무지방그릭요거트 4스푼(100g)
- [ ] 바질페스토 1/3스푼
- [ ] 알룰로스 1스푼

Topping

- [ ] 냉동바나나 1/2개
- [ ] 냉동블루베리 1스푼
- [ ] 저당그래놀라 1스푼(옵션)

Recipe

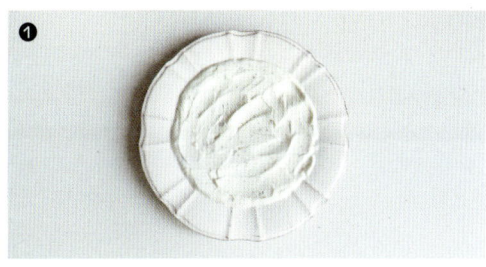

❶ 그릭요거트, 바질페스토, 알룰로스를 그릇에 담아 섞는다.

❷ 냉동블루베리는 흐르는 물에 가볍게 헹궈 체에 밭쳐 둔다.

❸ 요거트 위에 냉동바나나를 올리고 블루베리와 그래놀라(옵션)를 얹어 완성한다.

TIP 슬라이스되지 않은 냉동바나나는 도마 위에 얹고 칼로 잘라요.

It's me Diet Recipe

즉석버섯밥

◆

출근이나 등교 준비로 바쁜 아침에도 전자레인지만 있다면 맛있는 버섯밥을 먹을 수 있어요.
짭조름한 간장양념에 쓱쓱 비벼 먹고 든든하게 하루를 시작하세요!

Ingredients

- [ ] 새송이버섯 1개
- [ ] 표고버섯 2개
- [ ] 현미밥 100g

Sauce

- [ ] 진간장 3/4스푼
- [ ] 들기름 1스푼
- [ ] 고춧가루 1/2스푼
- [ ] 다진 마늘 1/3스푼

Recipe

❶ 새송이버섯과 표고버섯을 4~5mm 두께로 편 썬다.
TIP 표고버섯의 가장 아랫기둥은 식감이 질기니 잘라 버려요.

❷ 전자레인지 용기에 현미밥을 담는다. 그 위에 버섯을 얹고 뚜껑을 덮은 채로 전자레인지에 약 5분 조리한다.

❸ 양념장 재료를 모두 볼에 담아 섞는다.

❹ 조리가 완료된 ❷에 양념장을 넣어 비벼 먹는다.
TIP 조미되지 않은 김에 싸서 먹으면 더 맛있어요.

It's me Diet Recipe

양배추냉만두

◆

만두를 따뜻한 국물에만 넣어 먹으라는 법이 있나요? 차갑게 먹어도 이렇게나 맛있는걸요.
냉모밀에 간 무가 있다면 냉만두에는 아삭하고 개운한 양배추가 있습니다.

Ingredients

- ☐ 닭가슴살만두 4개
- ☐ 가쓰오장국 1/2컵(90ml)
- ☐ 냉수 1컵(200ml)
- ☐ 에리스리톨 1/3스푼
- ☐ 고추냉이 1/4스푼
- ☐ 대파 5cm
- ☐ 얼음 1/2컵
- ☐ 양배추

Recipe

❶ 양배추는 가늘게 채 썰고 식초 2~3방울을 푼 물에 약 5분간 담갔다가 흐르는 물에 헹군다.

❷ 만두는 전자레인지용 찜기 또는 그릇에 물과 함께 담아 뚜껑을 덮고 약 4분 조리한다. 뚜껑을 열어 한 김 식힌다.

TIP 양배추를 담가두는 시간 동안 이 과정을 진행해요.

❸ 가쓰오장국, 냉수, 에리스리톨, 고추냉이를 그릇에 담고 스푼으로 조심히 저어가며 섞는다.

❹ 양배추, 만두, 얼음을 담는다.

❺ 깨끗이 씻은 대파를 가위로 잘라 넣는다.

TIP 대파 대신 무순을 넣어도 좋아요.

It's me Diet Recipe

낫또에그롤

남녀노소 누구나 좋아하는 국민 반찬인 계란말이에 현미밥과 낫또를 넣으면 가벼운 한 끼 식사가 됩니다.
낫또맛에 익숙하지 않은 초보자라면 저당케첩을 1~2스푼 정도 곁들여도 좋아요.

Ingredients

- 달걀 2개
- 낫또 1팩
- 현미밥 100g
- 가쓰오장국 1스푼(또는 소금 약간)
- 올리브오일 약간

Recipe

❶ 볼에 달걀을 풀고, 가쓰오장국을 넣어 섞는다.

❷ 낫또는 동봉된 겨자와 간장소스를 넣고 젓가락으로 충분히 저어 섞는다.

❸ 올리브오일을 두른 팬에 달걀물 → 현미밥 → 낫또 순으로 얹고 중불에서 계란말이를 만든다.

❹ 한 입 크기로 잘라 접시에 담아낸다.

더 맛있게 먹는 법
낫또맛에 익숙하지 않거나 맛이 심심하게 느껴진다면 저당 혹은 저칼로리 케첩에 찍어 먹어요. 계란말이를 자르는 과정을 생략하고 수저로 뚝뚝 떠서 먹어도 좋아요.

It's me Diet Recipe

수란오이덮밥

◆

저와 함께 아삭하고 청량한 여름 오이의 매력에 빠져보지 않으실래요?
오이 초보자라면 오이 양을 줄이고 향긋한 부추를 곁들여 보세요. 심플한 재료들로 만들었지만 맛은 최고입니다.

Ingredients

- ☐ 현미밥 100g
- ☐ 오이 2/3개
- ☐ 달걀 2개

Sauce

- ☐ 진간장 1+1/3스푼
- ☐ 다진 마늘 1/2스푼
- ☐ 들기름 1스푼
- ☐ 고추냉이 1/4스푼

Recipe

❶ 오이를 사방 1cm 크기로 깍둑 썬다.

❷ 양념 재료를 볼에 담아 섞고, 오이를 넣어 버무린다.

❸ 수란을 만든다. 025쪽 참고

TIP 수란을 만들기 어렵거나 식사를 빠르게 준비해야 할 때는 달걀프라이로 대신해요.

❹ 그릇에 현미밥을 담고 ❷와 수란을 얹어 완성한다.

더 맛있게 먹는 법
김밥용 김을 4등분해 자르고 잘 비빈 수란오이덮밥을 한 스푼씩 얹어 먹어요.
갈릭 또는 어니언후레이크를 마지막에 한 스푼 넣으면 훨씬 맛있어요.

It's me Diet Recipe

스테이크깻잎볶이

매콤하고 달콤한 떡볶이가 먹고 싶은 날. 배달 앱을 켜기 전에 이 페이지를 먼저 열어보면 좋겠어요.
떡은 들어 있지 않지만 떡볶이와 똑같은 맛에, 단백질과 영양이 풍부한 요리랍니다.

Ingredients

- ☐ 현미라이스페이퍼 6장
- ☐ 닭가슴살스테이크 1개
- ☐ 양배추 150g
- ☐ 깻잎 8장
- ☐ 올리브오일 약간

Sauce

- ☐ 고추장 1/2스푼
- ☐ 고춧가루 2/3스푼
- ☐ 다진 마늘 2/3스푼
- ☐ 가쓰오장국 2/3스푼
- ☐ 알룰로스 1스푼
- ☐ 물 1+1/4컵(250ml)

Recipe

❶ 마른 라이스페이퍼 1장 위에 물에 충분히 적신 라이스페이퍼 1장, 그 위에 다시 마른 라이스페이퍼 1장을 겹쳐 얹고 손으로 꾹꾹 눌러가며 서로 접착시킨다. 이 과정을 한 번 더 반복한다.

❷ 닭가슴살스테이크는 너비 1cm 크기로 길게 자르고 깨끗이 씻은 양배추는 먹기 좋은 크기로 썬다.

❸ 올리브오일을 두른 팬에 닭가슴살스테이크와 양배추를 넣고 중불에서 노릇하게 볶는다.

❹ 양념 재료를 모두 넣고 2분간 끓인 후 약불로 줄인다.

❺ ❶을 수제비 반죽처럼 손으로 찢어 넣고 저어가며 1분간 익힌다. 마지막에 깻잎을 찢어 넣는다.

New Recipe

It's me Diet Recipe

참나물오리비빔밥

◆

식이섬유와 항산화물질이 풍부한 참나물은 고기와 맛이 잘 어울리는 재료예요.
오리고기를 뜨거운 물에 담가 기름을 충분히 제거하니
칼로리 부담은 넣어두고 그저 맛있게 즐길 일만 남았습니다.

Ingredients

- 훈제오리고기 1팩(150g)
- 참나물 10줄기(30g, 또는 부추)
- 현미밥 100g

Sauce

- 진간장 2/3스푼
- 들기름 1스푼
- 다진 마늘 2/3스푼
- 고추냉이 1/4스푼

Recipe

❶ 전자레인지 용기에 훈제오리가 잠길 정도의 물을 붓고, 전자레인지에 3분 조리한다.

TIP 이 과정에서 오리고기의 기름이 충분히 제거돼요. 오리고기향에 민감하다면 팬에 굽는 것으로 대신해요.

❷ 깨끗이 씻은 참나물을 3cm 길이로 자른다. 이때 참나물의 두꺼운 줄기 부분은 잘라서 버린다.

❸ 오리고기는 체에 밭치거나 키친타월에 얹어 물기를 제거한다.

❹ 양념 재료를 모두 볼에 담아 섞는다.

❺ 현미밥을 담은 그릇에 오리고기와 참나물, 양념을 넣고 비벼 먹는다.

It's me Diet Recipe

컵만두오므라이스

◆

전자레인지 사용이 가능한 컵이나 그릇이 있다면
바쁜 아침, 불 앞에 서서 조리하지 않아도 맛있는 오므라이스를 만들 수 있어요.
일반 만두보다 지방 함량이 적고 담백한 닭가슴살만두를 활용해 간편하게 식사하세요.

Ingredients

- 닭가슴살만두 3개
- 현미밥 70g
- 달걀 2개
- 물 2스푼
- 소금 약간
- 저당케첩 1스푼
- 진간장 1/3스푼
- 순후추 약간

Recipe

❶ 냉동 상태의 닭가슴살만두와 물을 그릇에 담고 전자레인지에 2분 조리한다.

TIP 상온의 만두로 만들 때는 이 과정을 생략해요.

❷ 달걀을 풀고 약간의 소금을 섞어 달걀물을 만든다.

❸ 만두를 가위로 잘라 으깨고 현미밥, 케첩, 간장, 순후추를 넣고 잘 비빈다.

❹ ❸에 달걀물을 붓는다.

❺ 전자레인지에 2분 조리 후, 30초씩 끊어가며 달걀물이 완전히 익을 때까지 추가 조리한다.

TIP 달걀이 부풀어 오르면서 그릇 밖으로 넘칠 수 있으니 중간중간 상태를 확인해요.

It's me Diet Recipe

양배추짜장수제비

◆

추억의 짜장떡볶이에 떡을 대신해 라이스페이퍼로 만든 수제비를 넣어봤어요.
쫄깃하게 씹히고 목 넘김이 부드러워서 무심코 젓가락질을 하다 보면 한 그릇이 금방 비워집니다.

Ingredients

- 현미라이스페이퍼 6장
- 어묵 2장
- 양배추 80g
- 고형짜장 1블록(또는 가루짜장 1인분)
- 물 2컵(400ml)
- 삶은 달걀 1개 025쪽 참고
- 대파 5cm

Recipe

❶ 양배추는 가늘게 채 썰고 식초 2~3방울을 푼 물에 약 5분간 담갔다가 흐르는 물에 헹군다.

❷ 냄비에 물과 고형짜장, 씻은 양배추를 넣는다. 어묵은 가위로 툭툭 잘라 넣고 중불에 끓인다.

❸ 마른 라이스페이퍼 1장 → 물에 충분히 적신 라이스페이퍼 1장 → 마른 라이스페이퍼 1장 순으로 겹쳐 얹고 손으로 꾹꾹 눌러가며 서로 접착시킨다. 이 과정을 한 번 더 반복한다.

❹ 약불로 줄이고 라이스페이퍼를 수제비 반죽처럼 손으로 찢어 넣은 다음 저어가며 1분간 익힌다.

TIP 물이 너무 졸아들면 조금씩 추가해요.

❺ 반으로 자른 삶은 달걀, 가위로 자른 대파와 함께 그릇에 담아낸다.

이 제품을 사용했어요 고형짜장을 사용하는 이유는 1회분의 양만큼 소분되어 있어서 양 조절이 용이하기 때문이에요.

It's me Diet Recipe

전자레인지사골만둣국

◆

불 앞에 서기 싫은데 뜨끈한 국물이 먹고 싶은 날,
냉동실에서 닭가슴살만두를 꺼내고 사골육수와 함께 그릇에 담아 전자레인지에 넣어보세요.
단 5분 만에 맛있는 만둣국이 완성됩니다.

Ingredients

- 닭가슴살만두 4개
- 레토르트 사골육수 1팩(300g)
- 달걀 1개
- 대파 5cm
- 소금 약간
- 순후추 약간(옵션)

Recipe

❶ 넓고 깊은 그릇에 닭가슴살만두와 사골육수를 담고 전자레인지에 3분 조리한다.

❷ 볼에 달걀을 잘 풀고, 깨끗이 씻은 대파를 가위로 잘라 넣은 다음 소금을 넣고 휘젓는다.

❸ 조리가 완료된 ❶에 ❷를 빙 둘러 넣고 다시 전자레인지에 2분 조리한다.

TIP 달걀물의 익힘 정도를 보고 조리 시간을 30초씩 추가해요.

❹ 국물의 간을 보고 소금을 추가하거나 후추를 뿌려 먹는다.

It's me Diet Recipe

단호박요거트스무디

♦

아침 첫 식사로 먹기 좋은 재료들인 단호박, 요거트, 두유를 섞어서
고소하고 달콤한 스무디를 만들었어요.
너무 차게 먹는 게 싫다면 상온에서 충분히 해동한 단호박을 넣고 갈아주세요.

Ingredients

- ☐ 냉동단호박 110g 027쪽 참고
- ☐ 무지방그릭요거트 2스푼(50g)
- ☐ 무가당두유 1/2컵(100ml)
- ☐ 알룰로스 1스푼

Topping (옵션)

- ☐ 저당그래놀라 1스푼
  (또는 병아리콩에너지바 282쪽 참고)

Recipe

❶ 토핑을 제외한 모든 재료를 블렌더에 담는다.

❷ 큰 덩어리가 사라질 때까지 곱게 갈아준다.

TIP 만약 잘 갈리지 않으면 물이나 두유를 조금씩 추가하며 갈아요.

❸ ❷를 컵에 옮겨 담는다.

❹ 그래놀라 또는 병아리콩에너지바를 곁들여 스푼으로 떠먹는다.

It's me Diet Recipe

흑임자요거트볼

◆

상큼한 요거트에 고소한 흑임자가루 한 스푼을 넣어보세요.
바쁜 아침에도 간단하게 만들 수 있고 건강과 맛 모두 챙기는 똑똑한 레시피랍니다.
토핑은 골드키위, 바나나, 사과, 무화과 등 단맛이 있는 과일이 잘 어울려요.

Ingredients

- ☐ 무지방그릭요거트 4스푼(100g)
- ☐ 흑임자가루 1스푼(10g)
- ☐ 알룰로스 2/3스푼

Topping

- ☐ 골드키위 1개(또는 바나나 1/2개, 사과 1/2개)
- ☐ 저당그래놀라 1스푼
  (또는 위트빅스약과 290쪽 참고)

Recipe

❶ 그릭요거트와 흑임자가루, 알룰로스를 볼에 담고 잘 섞는다.

❷ 키위를 한 입 크기로 자른다.

❶에 자른 키위와 그래놀라를 토핑한다.

더 건강하게 먹는 법 흑임자맛 프로틴파우더를 추가로 넣으면 운동 후 단백질 섭취용 식단으로도 손색없어요.

It's me Diet Recipe

프로틴웜볼

◆

언뜻 보아 검은깨죽처럼 생겼지만 단백질쉐이크에
영양이 풍부한 치아씨드와 무가당두유를 넣고 데우기만 하면 완성되는 간편식이에요.
불어난 치아씨드를 꼭꼭 씹어 먹으면 보다 포만감 있고 완전한 식사를 할 수 있어요.

Ingredients

- ☐ 흑임자맛 단백질쉐이크 1팩(45g)
- ☐ 무가당두유 1컵(200ml)
- ☐ 치아씨드 1스푼
- ☐ 카카오닙스 1/2스푼

Recipe

❶

전자레인지 사용이 가능한 볼에 단백질쉐이크, 치아씨드, 카카오닙스를 담는다.

TIP 전자레인지 안에서 넘칠 수 있으니 깊이와 너비가 넉넉한 볼을 사용해요.

❷

두유를 붓고 잘 섞는다.

❸

전자레인지에 2분간 조리하고 한 번 더 섞은 다음, 5~10분 후에 먹는다.

TIP 치아씨드가 잘 불어날 수 있도록 약간의 기다림이 필요해요.

이 제품을 사용했어요 | 여기서는 흑임자맛 단백질쉐이크를 사용했는데 어떤 맛의 쉐이크라도 좋아요.

It's me Diet Recipe

치아씨드스무디

◆

묵직한 아랫배를 가볍게 비워내고 싶은 날, 식이섬유가 풍부한 스무디 한 잔으로 하루를 시작해 보세요.
이 스무디를 마시고 하루 동안 충분한 양의 수분을 섭취한다면 쾌변에 도움이 될 거예요.

Ingredients

- 냉동바나나 1개
- 골드키위 1개(또는 사과 1/2개)
- 무지방그릭요거트 1스푼
- 무가당두유 3/4컵(150ml)
- 물 1/2컵(100ml)
- 치아씨드 1스푼
- 레몬즙 1스푼

Recipe

❶ 키위는 껍질을 제거하고 4등분한다. 냉동바나나는 상온에 5~10분간 두어 해동한다.

TIP 냉동이 아닌 신선한 바나나는 바로 사용해도 좋아요.

❷ 블렌더에 모든 재료를 담는다.

❸ 건더기가 보이지 않을 때까지 곱게 갈아준다.

❹ 컵에 따르고 천천히 씹어가며 마신다.

It's me Diet Recipe

여기서는 건강한 탄수화물인 현미밥과 통밀파스타면을 주로 활용해요.
요리 초보도 쉽고 맛있게 만들 수 있도록 복잡한 조리 과정을 생략하고
포만감 있는 식단을 위주로 구성했어요.
점심 도시락 메뉴로 활용하기 좋은 볶음밥과 김밥부터 개운한 국물요리까지
다양하게 담았으니 맛있는 일품요리가 당길 때마다 꺼내보세요.

Part2

포만감 UP! 칼로리 DOWN!
일품 식단

It's me Diet Recipe

고사리닭곰탕

◆

레토르트 사골육수와 들기름으로 맛을 낸 맑은 닭곰탕은 국물이 끝내줘요.
뜨끈한 돼지국밥 한 그릇이 생각나는 날, 이 국물요리를 점심 메뉴로 추천할게요!

Ingredients

- ☐ 현미밥 100g
- ☐ 완조리닭가슴살 1개
- ☐ 데친 고사리 1+1/2줌(70g)
- ☐ 레토르트 사골육수 1팩(300g)
- ☐ 물 1/2컵(100ml)
- ☐ 대파 7cm
- ☐ 국간장 2/3스푼
- ☐ 들기름 1스푼
- ☐ 다진 마늘 1/2스푼
- ☐ 순후추 약간(옵션)

Recipe

❶

들기름을 두른 팬에 다진 마늘과 가위로 자른 대파를 넣고 중불에 볶는다.

❷

고사리와 국간장을 넣고 약 1분간 볶는다.

❸

닭가슴살을 손으로 찢어 넣고, 사골육수와 물을 부어 끓인다.

TIP 불을 끄기 직전에 간을 보고 물이나 소금을 추가해요.

❹

그릇에 현미밥을 담고 ❸을 부어준다. 기호에 따라 여분의 대파와 순후추를 넣어 먹는다.

It's me Diet Recipe

소시지캘리포니아롤

◆

'아보카도와 간장소스'는 '아보카도와 명란'의 조합만큼이나 잘 어울려요.
김 위에 현미밥을 꾹꾹 눌러 얹고, 소시지와 함께 말아 간장소스에 찍어 먹으면 정말 맛있습니다.

Ingredients

- ☐ 현미밥 100g
- ☐ 닭가슴살소시지 1개(60g)
- ☐ 아보카도 1/2개
- ☐ 김밥김 1장
- ☐ 양배추채 30g
- ☐ 식초 1/3스푼
- ☐ 에리스리톨 약간
- ☐ 소금 약간
- ☐ 갈릭후레이크(옵션)

Sauce (디핑용)

- ☐ 진간장 1스푼
- ☐ 알룰로스 1스푼
- ☐ 맛술 1스푼
- ☐ 고추냉이 1/4스푼

Recipe

❶

볼에 현미밥을 담고 식초, 에리스리톨, 소금을 넣어 양념한다.

TIP 에리스리톨은 김밥의 감칠맛을 더하기 위한 목적이니 아주 소량만 넣어요.

❷

닭가슴살소시지는 전자레인지에 데우고, 아보카도는 얇게 슬라이스한다.

TIP 아보카도의 중심을 향해 칼집을 동그랗게 둘러 넣고 손으로 비틀어 반으로 나눠요.

❸

김밥김을 지퍼백 위에 올린 뒤 소시지 길이에 맞춰 접는다. 김 위에 밥을 고르게 펼친다.

❹

❸을 뒤집어 밥을 얹은 면이 아래를 향하게 하고 슬라이스한 아보카도와 소시지, 양배추채를 올린다.

❺

지퍼백을 활용해 김밥을 꾹꾹 눌러가며 단단하게 말아준다.

❻

소스 재료를 잘 섞어 디핑소스를 만든다. 칼에 물을 묻혀 김밥을 한 입 크기로 자른 다음 소스에 찍어 먹는다.

TIP 갈릭후레이크 또는 어니언후레이크가 있다면 김밥에 곁들여 먹어요.

It's me Diet Recipe

낫또므라이스

달걀 속을 촉촉한 낫또비빔밥으로 채우고 달콤한 간장소스를 곁들여 먹는 영양만점 오므라이스예요.
개운한 부추를 듬뿍 썰어 넣었더니 김치 없이도 마지막 한 입까지 느끼함 없이 맛있습니다.

Ingredients

- 현미밥 100g
- 달걀 2개
- 낫또 1팩
- 부추 20g
- 소금 약간
- 올리브오일 약간

Sauce

- 가쓰오장국 2스푼(또는 진간장)
- 맛술 1스푼
- 물 5스푼
- 간 오트밀 1/2스푼(또는 전분)

Recipe

❶

소스 재료를 볼에 담아 섞는다. 달걀은 소금을 약간 넣어 잘 풀어둔다. 낫또는 동봉된 겨자와 간장소스를 넣고 여러 번 휘저어 섞어둔다.

❷

볼에 현미밥과 낫또를 담고, 씻은 부추를 가로로 잘라 넣은 다음 고르게 섞는다.

❸

팬에 올리브오일을 두르고 달걀물을 붓는다. 중불로 절반 정도 익었을 때 ❷를 가운데 얹는다.

❹

오므라이스를 반으로 접어 접시에 담아둔다.

❺

소스 재료를 팬에 부어 졸인다.

❻

오므라이스 위에 졸인 소스를 부어 완성한다.

It's me Diet Recipe

유부낫또김밥

◆

햄과 달걀지단 없이도 맛있는 김밥을 만들 수 있다면 이 레시피가 그중 하나입니다.
김밥 속에 달콤하게 조미된 초밥용 유부가 들어가서 단무지도 생각나지 않을 거예요.

Ingredients

- 현미밥 100g
- 초밥용 유부 6장
- 낫또 1팩
- 부추 30g
- 김밥김 1장
- 들기름 1스푼
- 소금 약간
- 에리스리톨 약간

Recipe

❶ 부추는 김밥김 길이에 맞춰 자르고, 유부는 손으로 가볍게 쥐어 양념을 짜낸다. 낫또는 동봉된 겨자와 간장 소스를 넣어 섞어둔다.

❷ 현미밥에 소금, 에리스리톨, 들기름을 넣고 버무린다.

TIP 에리스리톨은 김밥의 감칠맛을 더하기 위한 목적이니 아주 소량만 넣어요.

❸ 김밥김 위에 밥 → 부추 → 유부 → 낫또 순으로 올려 김밥을 말아준다.

❹ 한 입 크기로 자른 다음 여분의 들기름을 둘러 접시에 담아낸다.

It's me Diet Recipe

참치말이차밥

♦

녹차를 우린 물에 밥을 말아 구운 생선이나 명란을 곁들여 먹는 일본식 차밥! 알고 계시죠?
캔참치를 넣은 달걀말이를 노릇하게 구워서 녹차물에 만 밥 위에 한번 얹어보세요.
마지막에 남은 녹찻물을 마시고 나니 입 안이 개운합니다.

Ingredients

- ☐ 무가당녹차음료 250ml
  (또는 녹차티백 우린 물)
- ☐ 캔참치 100g
- ☐ 현미밥 100g
- ☐ 달걀 1개
- ☐ 마늘쫑 30cm(또는 부추)
- ☐ 가쓰오장국 1스푼
- ☐ 올리브오일 약간
- ☐ 김가루 약간(옵션)

Recipe

❶ 캔참치는 수저로 눌러 기름을 최대한 제거하고, 씻은 마늘쫑은 가위를 사용해 5mm 간격으로 자른다.

❷ 볼에 달걀을 풀고 기름 뺀 참치를 넣어 섞는다.

❸ 올리브오일을 두른 팬에 ❷를 부어 넣고 중약불에 달걀말이를 만든다.

TIP 겉면이 살짝 갈색빛이 되도록 오래 구워주면 더 맛있어요.

❹ 깊이가 있는 넓은 그릇에 녹차음료를 붓고, 가쓰오장국을 넣은 뒤 수저로 저어 섞는다.

❺ 현미밥 → 달걀말이 → 마늘쫑 → 김가루(옵션) 순으로 얹어 낸다.

이 제품을 사용했어요 편의점과 마트에서 쉽게 구할 수 있는 무가당녹차음료를 사용했어요. 녹차티백을 활용한다면 250ml의 물에 충분히 우려내어 차게 식힌 다음 요리하세요.

New Recipe

It's me Diet Recipe

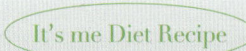

유부묵비빔밥

양념한 도토리묵과 달콤하게 조미된 유부를 밥과 함께 비벼 먹는 포케 느낌 낭낭한 요리를 소개할게요.
젤리처럼 귀여운 식감의 묵을 알싸한 마늘양념에 버무렸더니 수저를 내려놓기가 아쉬운 맛입니다.

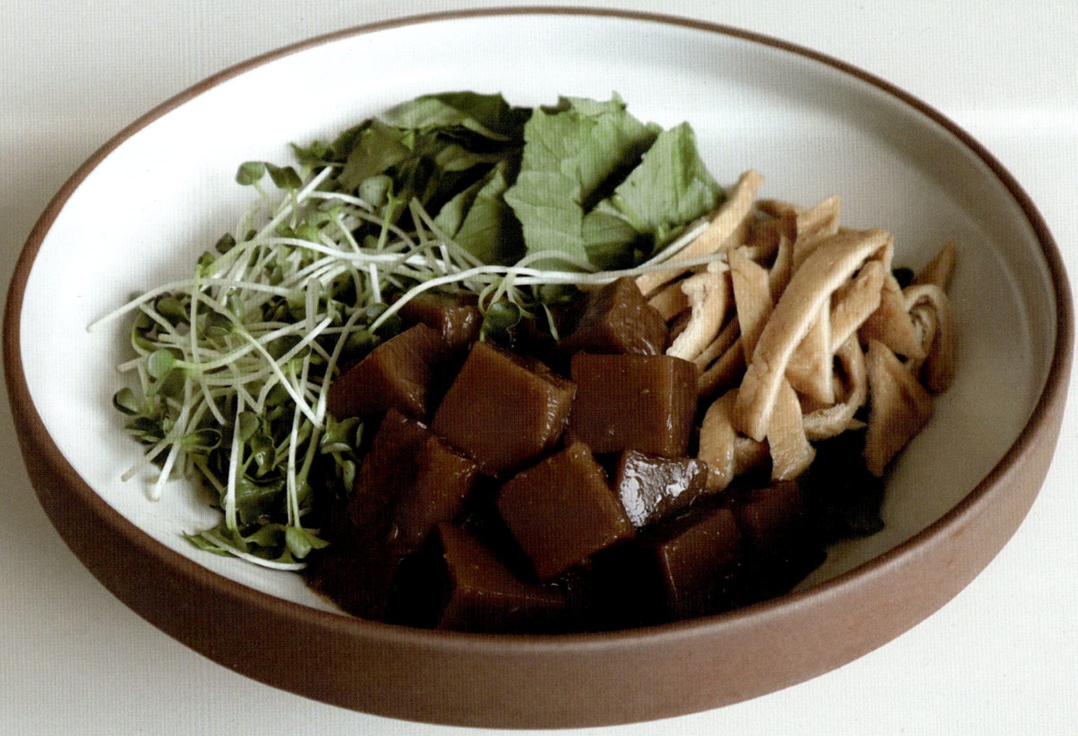

Ingredients

- ☐ 현미밥 100g
- ☐ 초밥용 유부 6장
- ☐ 도토리묵 1/3팩(180g)
- ☐ 무순 1줌(20g)
- ☐ 청상추 5장

Sauce

- ☐ 다진 마늘 1/2스푼
- ☐ 진간장 1+1/2스푼
- ☐ 들기름 1스푼
- ☐ 고추냉이 1/4스푼

Recipe

❶ 도토리묵은 사방 2cm 크기로 깍둑 썰고, 깨끗이 씻은 상추는 1cm 너비로 길게 자른다.

❷ 유부는 손으로 가볍게 쥐어 조미된 양념을 짜낸 뒤 얇게 썰어둔다. 무순은 씻은 후 체에 밭쳐둔다.

❸ 끓는 물에 도토리묵을 약 3~4분간 데친다.

❹ 삶은 묵은 찬물에 가볍게 헹궈 체에 밭쳐두고 물기를 제거한다.

❺ 볼에 양념 재료를 모두 담아 섞고, 도토리묵을 넣어 가볍게 버무린다.

❻ 그릇에 현미밥을 담고 양념한 묵과 유부, 상추, 무순을 얹는다. 묵이 으깨지지 않도록 조심히 비벼 먹는다.

It's me Diet Recipe

아보크림콜드파스타

◆

파스타는 주로 오일이나 토마토소스에 버무려 따뜻하게 먹지만 차갑게 먹는 방법도 있어요.
알싸한 마늘과 향긋한 참나물을 갈아 만든 소스가 어디에서도 경험해 보지 못한 맛을 선사합니다.

Ingredients

- ☐ 통밀파스타 60g
- ☐ 냉동새우 1줌(100g)
- ☐ 파마산치즈가루 2/3스푼

Sauce

- ☐ 아보카도 1/2개
- ☐ 참나물 10줄기(30g)
- ☐ 깐 마늘 1알(또는 다진 마늘 1/4스푼)
- ☐ 무가당두유 2/3컵(120ml)
- ☐ 치킨스톡 1/3스푼
- ☐ 허브솔트 약간

Recipe

❶ 소스 재료를 블렌더에 모두 담고 곱게 갈아준다.

❷ 냄비에 넉넉한 양의 물과 약간의 소금을 넣고 끓인다. 물이 끓어오르면 파스타와 냉동새우를 넣고 9~11분 삶는다.

❸ 삶은 면과 새우를 찬물에 헹궈 체에 밭치고 물기를 충분히 제거한다.

❹ 그릇에 아보카도크림소스, 파스타, 새우를 담는다. 파마산치즈가루를 뿌린 뒤 잘 섞어 먹는다.

더 맛있게 먹는 법 아보카도크림소스를 냉장고에 30분 정도 뒀다 만들면 파스타의 맛이 더 깊어져요.

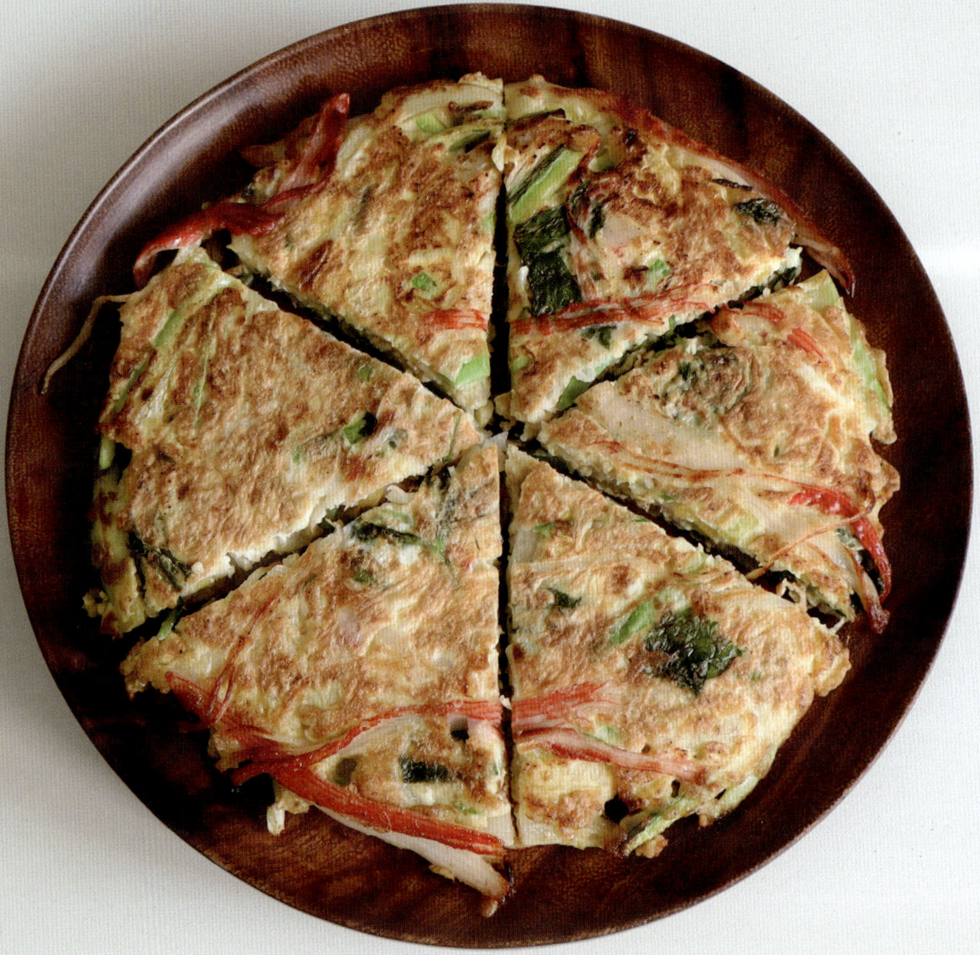

It's me Diet Recipe

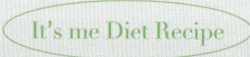

참나물게맛살전

밀가루 없이 향긋한 나물을 넣어 부쳐낸 전은 감칠맛 덕분에 간을 세게 하지 않아도 충분히 맛있어요.
게맛살을 대신해 오징어나 새우를 활용해도 좋고, 쪽파를 더해 파전으로도 만들어보세요.

Ingredients

- 참나물 10줄기(30g, 또는 깻잎)
- 양파 1/4개(50g)
- 게맛살 2개(70g)
- 애호박 1/3개
- 달걀 2개
- 퀵오트밀 3스푼(25g)
- 가쓰오장국 1+1/2스푼
- 올리브오일 2스푼

Recipe

❶ 깨끗이 씻은 애호박과 껍질을 벗긴 양파는 가늘게 채 썰고, 깨끗이 씻은 참나물은 한 입 크기로 자른다.

❷ 볼에 손질한 애호박, 양파, 참나물을 모두 담고 게맛살을 손으로 찢어 넣는다. 달걀, 오트밀, 가쓰오장국을 넣고 버무린다.

❸ 올리브오일을 두른 팬에 반죽을 얹고 중약불에서 앞뒤로 노릇하게 굽는다.

❹ 접시에 옮겨 담는다.

더 맛있게 먹는 법 | 전이 조금 싱겁게 느껴지면 진간장 1스푼, 식초 약간, 순후추 약간을 넣은 간장소스에 찍어 먹어요.

It's me Diet Recipe

바질페스토참치김밥

◆

김밥 속 참치를 마요네즈가 아닌 그릭요거트와 바질페스토에 버무렸어요.
아삭한 오이고추를 넣어 개운함을 더하고, 달콤한 쌈무를 넣어 감칠맛을 더하니
김밥전문점에서 먹는 김밥이 부럽지 않을 만큼 맛있습니다.

Ingredients

- ☐ 캔참치 100g
- ☐ 현미밥 100g
- ☐ 김밥김 2장
- ☐ 쌈무 6장
- ☐ 오이고추 2개
- ☐ 깻잎 6장
- ☐ 청상추 4장
- ☐ 바질페스토 1/2스푼
- ☐ 무지방그릭요거트 1스푼
- ☐ 들기름 약간
- ☐ 소금 약간

Recipe

❶

깻잎, 청상추, 오이고추를 깨끗이 씻은 뒤 물기를 제거한다.

❷

현미밥에 들기름과 소금을 넣어 양념한다.

❸

뚜껑을 딴 캔참치는 수저로 눌러 기름을 최대한 제거한다. 쌈무는 손으로 꼭 쥐어 절임양념을 짜낸다.

❹

바질페스토와 그릭요거트, 기름 뺀 참치를 볼에 담아 섞는다.

❺

김밥김 위에 현미밥 → 청상추 → ❹ → 오이고추 → 쌈무 → 깻잎 순으로 쌓아 올린다.

❻

손끝에 힘을 주어 김밥을 돌돌 말고 한 입 크기로 잘라 먹는다.

It's me Diet Recipe

에그인바질페스타

◆

프라이팬 하나로 간편하게 완성하는 원팬바질페스토파스타예요.
달걀은 완전히 익히기보다, 반숙으로 조리해 파스타와 섞어 먹는 걸 추천할게요.

Ingredients

- ☐ 통밀파스타 60g
- ☐ 베이컨 2줄
- ☐ 달걀 2개
- ☐ 깐 마늘 3알(또는 다진 마늘 2/3스푼)
- ☐ 바질페스토 2/3스푼
- ☐ 물 2+1/2컵(500ml)
- ☐ 소금 약간
- ☐ 페페론치노 약간
- ☐ 파슬리 약간

Recipe

❶ 오일을 두르지 않은 팬에 한 입 크기로 자른 베이컨과 편 썬 마늘을 넣고 중불에서 노릇하게 볶는다.

❷ 팬에 물을 부은 후 파스타면을 넣고 약 10~12분간 삶는다.

TIP 면이 익은 후에 물이 너무 많이 남았다면 따라 버려요.

❸ 바질페스토를 넣고 버무린다.

TIP 사용하는 바질페스토의 염도에 따라 적절히 가감해요.

❹ 달걀 두 개를 깨뜨려 넣고 약간의 소금 간을 한다. 팬 뚜껑을 덮고 달걀흰자가 익을 때까지 기다린다.

❺ 접시에 담고 페페론치노와 파슬리를 뿌려 완성한다.

쉬운 손질 팁 ❶의 과정을 진행하기 전에 베이컨을 따로 그릇에 담아 잠길 정도로 물을 부어요. 전자레인지에 1~2분 조리한 뒤 물을 버리면 불필요한 지방 섭취를 줄일 수 있어요.

New Recipe

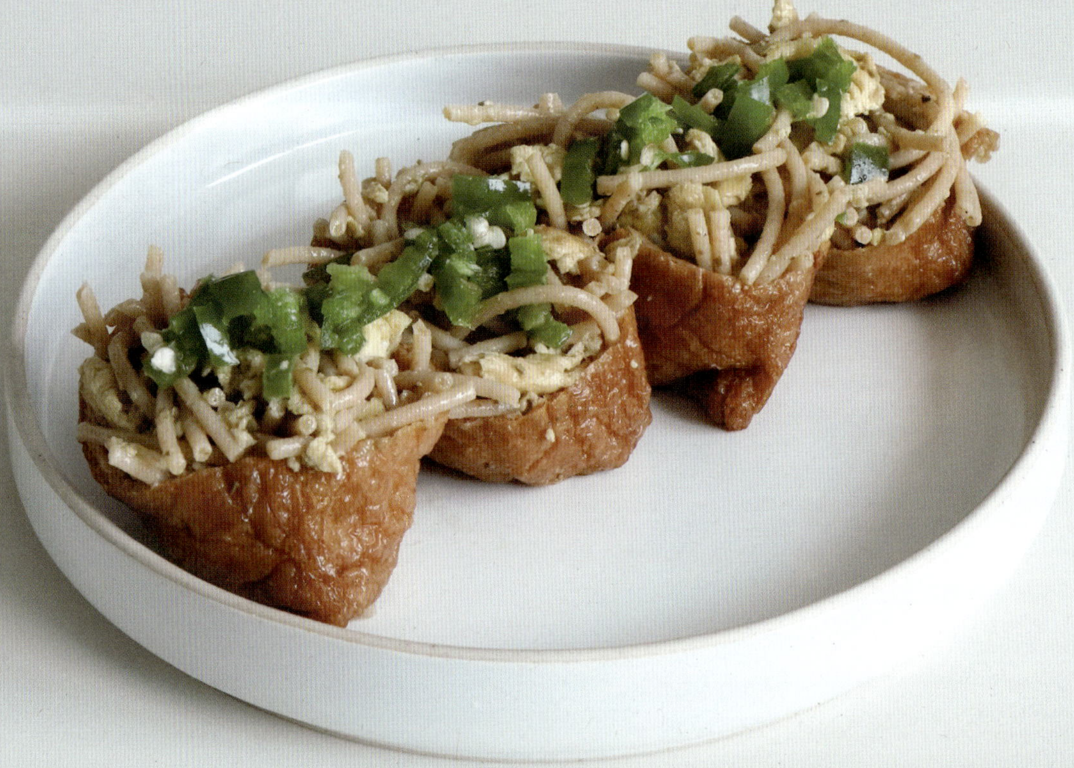

It's me Diet Recipe

파스타유부초밥

다이어트 유부초밥은 꼭 두부와 메밀면으로 만들어야 할까요? 아니요!
통밀파스타에 스크램블드에그를 버무려 넣으면 맛은 물론 탄단지 조합까지 훌륭한 요리가 탄생합니다.

Ingredients

- 통밀파스타 60g
- 달걀 2개
- 오이고추 1개
- 초밥용 큰 사각유부 4장
- 바질페스토 1/2스푼
- 소금 약간(스크램블드에그 만들 때)
- 소금 1꼬집(파스타 삶을 때)
- 올리브오일 약간

Recipe

❶ 끓는 물에 소금과 파스타면을 넣고 9~11분간 삶는다.

❷ 올리브오일을 두른 팬에 달걀을 깨뜨려 넣고 소금으로 간을 한 다음 중약불에서 마구 휘저어 스크램블드에그를 만든다.

❸ 깨끗이 씻은 오이고추는 잘게 다지고 유부는 손으로 가볍게 쥐어 조미된 양념을 짜낸다.

❹ 삶은 파스타면을 건져내고 찬물에 헹군 뒤 체에 받쳐 물기를 최대한 제거한다.

❺ 파스타면, 다진 고추, 스크램블드에그를 볼에 담는다. 바질페스토를 넣고 버무린다.

❻ 유부에 ❺를 채워 넣는다.

TIP 파스타를 가위로 잘게 잘라 수저로 채워 넣으면 훨씬 편해요. 만약 유부 속을 채워 넣는 게 번거롭다면 유부를 가위로 잘라 파스타를 버무린 볼에 넣고 비벼 먹어도 맛은 똑같아요.

New Recipe

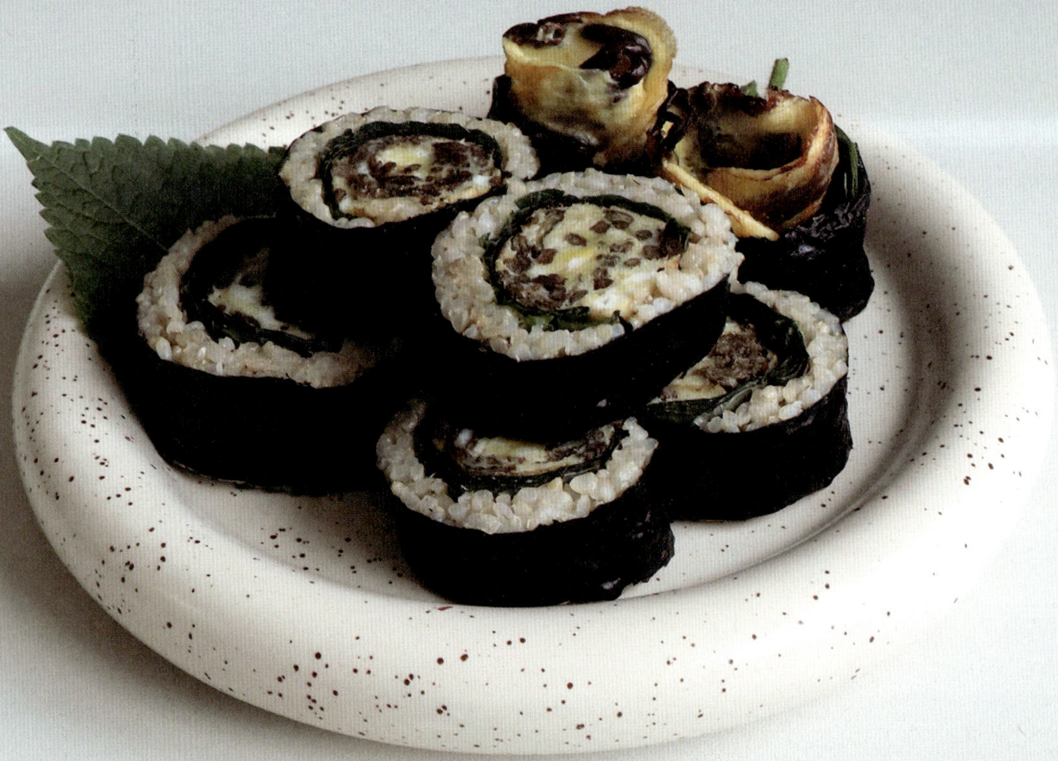

It's me Diet Recipe

고사리깻잎김밥

고사리를 볶아 달걀말이를 만들고 깻잎과 함께 김에 돌돌 말아 간단하게 완성할 수 있는 김밥이에요.
식어도 맛있는 건 물론이고 빠르고 간편하게 만들 수 있으니 점심 도시락 메뉴로도 활용해 보세요.

Ingredients

- 데친 고사리 1+1/2줌(80g)
- 현미밥 100g
- 김밥김 1장
- 달걀 2개
- 깻잎 8장
- 다진 마늘 1/2스푼
- 맛술 1스푼
- 가쓰오장국 1스푼
- 들기름 1스푼
- 소금 약간

Recipe

❶ 깻잎은 씻어 물기를 최대한 제거한다. 달걀과 소금을 볼에 넣어 잘 풀어둔다.

❷ 팬에 들기름을 두르고 고사리, 다진 마늘, 가쓰오장국, 맛술을 넣고 중불에서 수분감이 사라질 때까지 볶는다.

❸ 볶은 고사리 위에 달걀물을 부어 넣고 달걀말이를 만든다.

❹ 김밥김 위에 현미밥 → 깻잎 → 달걀말이 순으로 얹어 김밥을 말아준다.

❺ 한 입 크기로 자른다.

It's me Diet Recipe

이밥에무순일이새우

◆

간장새우가 먹고 싶던 어느 날, 냉장고를 털어 만든 이 요리를 참 맛있게 먹었던 기억이 있어요.
크게 자른 김밥김에 한 입 꽉 차게 싸서 먹을 때의 행복감을 꼭 느껴보세요.

Ingredients

- 냉동새우 1줌(100g)
- 현미밥 100g
- 무순 1줌(20g)
- 청상추 5장
- 김밥김 2장
- 들기름 1스푼

Sauce

- 진간장 2스푼
- 맛술 1스푼
- 에리스리톨 2/3스푼
- 레몬즙 2/3스푼
- 페페론치노 약간
- 고추냉이 1/4스푼

Recipe

❶

냉동새우는 물에 담가 해동하고, 꼬리를 제거한 후 흐르는 물에 여러 번 헹군다.

❷

깨끗이 씻은 청상추는 1cm 간격으로 자르고, 무순은 씻어서 체에 밭쳐둔다.

❸

볼에 해동한 새우와 양념 재료를 모두 넣고 버무린다. 뚜껑을 덮은 후 전자레인지에 약 4분 조리한다.

TIP 전자레인지 사양에 따라 익히는 시간을 조절해요.

❹

무순을 넣어 재빨리 섞는다.

❺

청상추와 현미밥을 담은 그릇에 ❹를 얹고 들기름을 뿌려 완성한다.

❻

김밥김을 가위로 잘라 4등분한다. 밥을 잘 섞고 김밥김에 싸서 먹는다.

It's me Diet Recipe

닭가슴살된장짜글이

◆

한국인의 대표 소울푸드인 된장찌개에 대표 고단백 식품인 닭가슴살을 넣어 포만감 있게 즐겨요.
다른 요리에 사용하고 남은 자투리 채소를 활용하기에도 좋은 메뉴랍니다.

Ingredients

- ☐ 퀵오트밀 3스푼
- ☐ 완조리닭가슴살 2/3개
- ☐ 애호박 1/3개
- ☐ 표고버섯 1개
- ☐ 물 1+1/2컵(300ml)

Sauce

- ☐ 된장 1/3스푼
- ☐ 멸치액젓 1/3스푼
- ☐ 다진 마늘 2/3스푼
- ☐ 고춧가루 1/2스푼

Recipe

❶ 깨끗이 씻은 애호박과 표고버섯은 4~5mm 두께로 편 썰고, 닭가슴살은 손으로 잘게 찢는다.

❷ 냄비에 ❶과 양념 재료를 모두 넣고 중약불에 1분간 볶는다.

TIP 된장 염도에 따라 멸치액젓의 양을 더 늘리거나 줄여 넣어요.

❸ 물을 붓고 오트밀을 넣은 다음 애호박이 익을 때까지 중약불에 졸인다.

TIP 물이 너무 졸아들면 조금씩 추가로 넣어가며 졸여요.

❹ 그릇에 옮겨 담고 따뜻할 때 먹는다.

It's me Diet Recipe

고사리깻잎볶음밥

향긋한 깻잎과 고사리를 넣은 볶음밥은 한식을 좋아하는 누구에게나 사랑받을 맛이라 자부해요.
단백질은 물론 식이섬유까지 풍부한 이 요리의 완벽한 영양 조합을 맛있게 즐겨보세요.

Ingredients

- ☐ 현미밥 100g
- ☐ 완조리닭가슴살 1개
- ☐ 데친 고사리 1줌(50g)
- ☐ 깻잎 6장
- ☐ 대파 5cm
- ☐ 다진 마늘 1/2스푼
- ☐ 멸치액젓 1스푼
- ☐ 들기름 1스푼

Recipe

❶ 깨끗이 씻은 깻잎과 닭가슴살을 먹기 좋은 크기로 썰어 둔다.

❷ 씻은 대파는 쫑쫑 썬다. 고사리는 흐르는 물에 헹궈 물기를 가볍게 짜내고 2~3cm 길이로 자른다.

❸ 팬에 들기름을 두르고 대파, 다진 마늘을 넣어 숭물에 볶는다. 마늘향이 올라오면 고사리와 멸치액젓을 넣는다. 멸치액젓의 수분이 날아갈 때까지 볶는다.

❹ 살라둔 닭가슴살과 깻잎, 현미밥을 넣고 볶는다.

TIP 간을 보고 싱거우면 소금이나 간장을 추가해요.

It's me Diet Recipe

바지락미역죽

◆

바지락과 미역을 풍부하게 넣어 만든 이 죽은 감칠맛과 포만감이 참 좋아요.
오트밀 대신 현미밥을 넣어 만들 때는 물의 양을 2/3로 줄이는 것을 꼭 잊지 마세요.

Ingredients (2회분)

- 자른 미역 1줌(6g)
- 바지락살 4스푼(100g)
- 퀵오트밀 1컵(90g, 또는 현미밥 200g)
- 물 3컵(600ml, 현미밥 사용 시 2컵(400ml))
- 들기름 2스푼
- 멸치액젓 2스푼

Recipe

❶

미역은 물에 담가 1시간 이상 불린다.

❷

바지락살은 흐르는 물에 여러 번 헹궈 체에 밭쳐둔다.

❸

미역을 불린 물은 모두 버리고, 바지락살을 넣은 뒤 가위로 여러 번 자른다.

TIP 바지락살을 너무 잘게 다지지 않아야 죽을 먹을 때 씹는 맛이 좋아요.

❹

팬에 들기름을 두르고 ❸을 넣어 바지락살이 불투명해질 때까지 중약불에 볶는다.

❺

오트밀과 물, 멸치액젓을 넣고 중약불에 뭉근하게 끓인다.

TIP 바지락살의 염도에 따라 멸치액젓의 양을 조절해요.

❻

팬에 눌어붙지 않도록 저어가며 끓인다. 원하는 죽의 농도보다 약간 묽을 때 불을 끈다.

TIP 남은 죽은 냉장 보관 시 2일 이내, 냉동 보관 시 7일 이내에 먹도록 해요.

It's me Diet Recipe

팽이간장오므라이스

◆

**팽이버섯과 달걀 그리고 부추, 이 세 가지 재료를 특별한 양념에 졸여 오믈렛을 만들었어요.
따뜻하고 부드러운 오믈렛을 밥 위에 얹어 먹으면 열 반찬이 부럽지 않습니다.**

Ingredients

- 현미밥 100g
- 달걀 2개
- 팽이버섯 2/3봉(100g)
- 부추 10g
- 무가당두유 1/4컵 (50ml)
- 순후추 약간
- 올리브오일 약간

Sauce

- 물 1/2컵(100ml)
- 진간장 2스푼
- 맛술 1스푼
- 순후추 약간
- 고추냉이 1/4스푼
- 간 오트밀 1/2스푼 (또는 전분)

Recipe

❶ 팽이버섯은 흐르는 물에 가볍게 헹궈 반으로 자른 후 가닥가닥 찢고, 씻은 부추는 쫑쫑 썬다.

❷ 볼에 달걀, 두유, 순후추를 섞어 달걀물을 만든다. 다른 볼에는 소스 재료를 모두 넣고 섞는다.

❸ 올리브오일을 두른 팬에 팽이버섯을 넣고 숭불에서 약 2분간 볶는다.

❹ 볶은 팽이버섯 위에 부추와 달걀물을 붓고 오믈렛을 만들 듯 가볍게 저어준다.

❺ 달걀이 절반 정도 익으면 만들어둔 소스를 넣고 졸인다.

❻ ❺를 현미밥 위에 얹고 기호에 따라 순후추를 뿌려 완성한다.

It's me Diet Recipe

오리에그리조또

치즈 없이 달걀흰자와 저지방우유로 담백하고 단백한 크림리조또를 만들었어요.
바삭하게 구운 훈제오리베이컨과 페페론치노를 곁들이니 느끼함을 느낄 새가 없습니다.

Ingredients

- 훈제오리고기 100g
- 현미밥 100g
- 달걀 2개
- 저지방우유 2/3컵(120ml)
- 페페론치노 약간
- 소금 약간

Recipe

❶ 기름을 두르지 않은 팬에 오리고기를 넣고 중불에 바삭하게 굽는다.

❷ 다 구워진 오리고기는 키친타월에 올려두고, 팬에 남은 기름은 따라 버린다.

❸ 오리고기를 구웠던 팬에 우유와 현미밥, 페페론치노, 소금을 넣는다. 달걀은 흰자만 분리해 넣고 눌어붙지 않게 중약불에서 잘 저어가며 끓인다.

TIP 분리한 노른자는 냉장 보관 하고 빠른 시일 내에 볶음밥 등에 활용해요.

❹ 충분히 졸아들면 접시에 옮겨 담고, 구운 오리고기를 가위로 잘라 얹는다.

It's me Diet Recipe

고등어깻잎김밥

◆

고등어구이는 누구나 좋아하는 반찬이지만 단독으로 먹기엔 2% 부족하게 느껴질 때가 있죠.
그럴 때는 깻잎과 함께 김에 돌돌 말아 김밥으로 즐겨보세요.

Ingredients

- ☐ 현미밥 100g
- ☐ 고등어필렛 1개
- ☐ 김밥김 1장
- ☐ 깻잎 12장
- ☐ 들기름 1스푼
- ☐ 올리브오일 약간

Recipe

❶

올리브오일을 두른 팬에 냉장 해동한 고등어필렛을 올리고 중불에서 앞뒤로 바삭하게 굽는다.

TIP 꼭 잔가시가 모두 제거된 순살고등어를 사용하고 염도에 따라 소금 간을 더해요.

❷

도마 위에 김밥김을 4등분해 펼치고, 간격을 조금씩 벌려둔다.

TIP 가로세로 방향으로 각 1번씩 접으면 가위 없이 손으로 쉽게 자를 수 있어요.

❸

구운 고등어를 4등분하고 김 → 현미밥 25g → 깻잎 3장 → 고등어 순으로 쌓아 올린다. 손끝에 힘을 주어 김밥을 돌돌 만다.

TIP 김밥을 마는 과정 없이 모든 재료를 김 위에 얹어 먹어도 좋습니다.

❹

완성된 김밥을 접시에 담고 들기름을 바른다.

It's me Diet Recipe

양배추김나물밥

◆

기름에 볶은 밥도 맛있지만 들기름에 조물조물 무친 나물밥도 정말 맛있어요.
여기서 밥을 빼고 나머지 재료의 양을 늘리면 냉장고에 두고 먹는 밑반찬이 됩니다.

Ingredients

- ☐ 양배추 100g
- ☐ 현미밥 100g
- ☐ 김밥김 2장
- ☐ 달걀 1개
- ☐ 대파 5cm
- ☐ 올리브오일 약간

Sauce

- ☐ 다진 마늘 1/2스푼
- ☐ 진간장 1/2스푼
- ☐ 멸치액젓 1/3스푼
- ☐ 들기름 1스푼

Recipe

❶ 양배추는 가늘게 채 썰고 식초 2~3방울 푼 물에 10분 이상 담갔다가 여러 번 헹군다.

❷ 양배추의 물기를 가볍게 털어내고 전자레인지 용기에 담아 뚜껑을 덮은 후 2분 30초 조리한다.

❸ 조리가 완료된 양배추에 김을 손으로 찢어 넣고 현미밥과 양념 재료를 모두 넣는다. 씻은 대파는 가위로 잘라 넣는다.

TIP 대파 대신 부추를 잘라 넣어도 좋아요.

❹ 비닐장갑을 낀 손으로 나물을 무치듯 조물조물 무친다.

❺ 올리브오일을 두른 팬에 달걀프라이를 만든다.

❻ 무친 밥을 접시에 담고 달걀프라이를 얹어 완성한다.

It's me Diet Recipe

누들컵 닭개장

◆

컵누들에 닭가슴살을 찢어 넣어 만든 닭개장은 한 입 맛보는 순간 이마를 탁! 치게 될 거예요.
평소 식사로도 훌륭하지만 음주한 다음 날엔 해장 치트키로 변신하는 찐 한국인의 맛입니다.

Ingredients

- ☐ 컵누들 매운맛 1개
- ☐ 완조리닭가슴살 1개
- ☐ 데친 고사리 1줌(50g, 또는 표고버섯 3개)
- ☐ 물 2컵(400ml)
- ☐ 대파 10cm
- ☐ 고춧가루 1스푼
- ☐ 다진 마늘 1/2스푼
- ☐ 멸치액젓 1스푼
- ☐ 들기름 1스푼

Recipe

❶ 닭가슴살은 손으로 찢고, 씻은 대파는 쫑쫑 썬다.

❷ 팬에 들기름을 두르고 대파, 고춧가루를 넣어 볶는다.

TIP 고춧가루가 탈 수 있으니 강불이 아닌 중약불에 조리해요.

❸ 물과 컵누들에 동봉된 분말수프 3/4봉, 건더기수프, 닭가슴살, 고사리, 다진 마늘, 멸치액젓을 넣고 중불에서 끓인다.

TIP 물은 컵누들 용기에 한 컵 가득 채워 넣어요.

❹ 팔팔 끓이오르면 컵누들 면을 넣어 약 2·3분간 더 끓인 후 그릇에 담아낸다.

더 맛있게 먹는 법 면이 아닌 밥을 먹고 싶을 때는 컵누들 면을 넣지 말고 현미밥을 넣어 먹어요.

It's me Diet Recipe

아보카도불닭덮밥

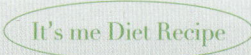

불고기양념에 버무린 닭가슴살과 아보카도 그리고 샐러드를 듬뿍 넣어 만드는 덮밥요리예요.
빠른 조리를 위해 전자레인지를 사용해 닭불고기를 만들었지만 시간 여유가 된다면 팬에 조리하는 게 더 맛있습니다.

Ingredients

- ☐ 현미밥 70g
- ☐ 아보카도 1/2개
- ☐ 완조리닭가슴살 1개
- ☐ 양파 1/6개(25g)
- ☐ 믹스샐러드 2줌
- ☐ 달걀 1개
- ☐ 올리브오일 약간

Sauce (닭가슴살)

- ☐ 다진 마늘 1/3스푼
- ☐ 진간장 2/3스푼
- ☐ 들기름 2/3스푼
- ☐ 에리스리톨 1/3스푼
- ☐ 순후추 약간

Sauce (아보카도)

- ☐ 진간장 1/2스푼
- ☐ 들기름 1/2스푼
- ☐ 고추냉이 1/4스푼

Recipe

❶ 전자레인지 용기에 닭가슴살을 손으로 찢어 담는다. 닭가슴살 양념 재료를 모두 넣어 버무리고, 전자레인지에 2분 조리한다.

❷ 껍질을 벗긴 양파는 가늘게 채 썬다. 아보카도를 한 입 크기로 파내서 볼에 담고 아보카도 양념 재료를 모두 넣어 버무린다.

❸ 올리브오일을 두른 팬에 달샤브라이를 만든다.

❹ 그릇에 현미밥과 씻어서 물기를 제거한 샐러드를 함께 담고 ❶ → ❷ → ❸을 얹은 다음 잘 섞어 먹는다.

TIP 샐러드를 넣지 않고 만들 때는 밥의 양을 100g으로 늘려도 좋아요.

It's me Diet Recipe

뚝배기바지락버섯밥

♦

고추장 없이 바지락의 감칠맛과 간장으로만 맛을 낸 뚝배기비빔밥입니다.
버섯의 종류는 어떤 것이라도 좋지만 향이 강한 표고버섯은 바지락의 맛을 가리니 되도록 피하고
지나치게 많은 양의 버섯을 넣으면 수분 때문에 밥이 질어질 수 있으니 주의하세요.

Ingredients

- [ ] 바지락살 4스푼(100g)
- [ ] 현미밥 100g
- [ ] 느타리버섯 2줌
- [ ] 들기름 1스푼
- [ ] 김가루 약간

Sauce

- [ ] 들기름 1스푼
- [ ] 진간장 1스푼
- [ ] 통깨 약간

Recipe

❶ 밑동을 잘라낸 느타리버섯은 손으로 잘게 찢고, 바지락살은 흐르는 물에 여러 번 헹궈 체에 밭쳐둔다.

❷ 끓는 물에 바지락살을 넣고 3분간 삶아 건져낸 다음 체에 밭쳐 물기를 제거한다.

TIP 바지락 삶은 물은 버리지 말고 맑은 된장국을 만들어 이 요리와 함께 먹는 걸 추천해요.

❸ 바지락살을 그릇에 옮겨 담고 양념 재료를 모두 넣어 섞는다.

❹ 뚝배기를 중불에 충분히 예열한 다음 들기름, 현미밥, 버섯을 넣고 섞는다. 약불로 줄이고 타닥타닥 소리가 나면서 밑부분이 살짝 눌어붙도록 기다린다.

❺ 양념한 바지락살과 김가루를 얹어 잘 비벼 먹는다.

It's me Diet Recipe

배추버섯만두전골

◆

닭가슴살만두를 더 포만감 있고 맛있게 즐길 수 있는 전골요리를 준비했어요.
알배추와 버섯을 넣어 푹 끓인 다음 알싸하고 달달한 겨자소스에 찍어 먹는 맛이 일품이랍니다.

Ingredients

- ☐ 알배춧잎 4장
- ☐ 느타리버섯 1줌
- ☐ 닭가슴살만두 4개
- ☐ 달걀 1개
- ☐ 물 2컵(400ml)
- ☐ 가쓰오장국 1스푼
- ☐ 멸치액젓 1스푼

Recipe

❶ 깨끗이 씻은 알배춧잎은 4~5cm 너비로 자르고, 느타리버섯은 손으로 한 가닥씩 찢는다.

❷ 냄비에 물과 가쓰오장국, 멸치액젓을 넣고 중불에 한소끔 끓어오르면 배추, 버섯, 만두를 넣어 끓인다.

❸ 만두가 거의 익어갈 때쯤 날샬을 쏟아 넣는다.

TIP 이때 달걀을 휘저으면 국물이 탁해지니 젓지 말고 그대로 익혀요.

더 맛있게 먹는 법 샤부샤부처럼 겨자소스(겨자 1/3스푼, 진간장 1스푼, 알룰로스 2/3스푼, 물 2스푼)에 찍어 먹으면 더 맛있게 즐길 수 있어요.

It's me Diet Recipe

수프맛 오트 리조또

◆

이 요리를 한 입 먹자마자 어릴 적 경양식당에서 돈가스와 함께 나오던 수프향이 느껴졌어요.
맛은 순하고 부드럽지만 톡톡 터지는 새우와 그린빈의 식감이 먹는 재미를 선사합니다.

Ingredients

- 냉동새우 1줌(100g)
- 냉동그린빈 1줌(55g)
- 퀵오트밀 5스푼(40g)
- 물 2컵(400ml)
- 치킨스톡 1/3스푼
- 파마산치즈가루 1스푼
- 대파 5cm
- 올리브오일 1스푼

Recipe

❶

올리브오일을 두른 팬에 대파를 쫑쫑 썰어 넣어 중불에 볶는다. 파향이 올라오면 그린빈과 새우를 넣고 2~3분간 볶는다.

TIP 냉동새우는 물에 담가 미리 해동해요.

❷

새우가 익으면서 불투명해지면 물, 오트밀, 치킨스톡, 파마산치즈가루를 넣는다. 잘 저어가며 뭉근하게 끓인다.

TIP 불을 끄기 직전에 간을 보고, 싱거우면 소금을 약간 넣어요.

It's me Diet Recipe

원팬콩물파스타

◆

콩물로 콩국수만 만들어 먹을 수 있는 건 아니죠!
집에서 직접 만든 진한 콩물은 크림파스타소스를 대체하기에도 충분해요.
느끼함 없이 담백하고, 씹을수록 진하게 느껴지는 고소한 콩의 맛이 일품입니다.

Ingredients

- 통밀파스타 60g
- 병아리콩물 1컵(200ml) 292쪽 참고
- 슬라이스치즈 1장
- 베이컨 2줄
- 깐 마늘 3개
- 물 2+1/2컵(500ml)
- 소금 약간

Recipe

❶

마늘은 편 썰고, 베이컨은 한 입 크기로 자른다.

❷

오일을 두르지 않은 팬에 마늘과 베이컨을 넣고 중불에서 노릇하게 볶는다.

❸

팬에 물을 부은 후 파스타면과 약간의 소금을 넣고 약 10~12분간 삶는다.

TIP 면이 익은 후에 물이 너무 많이 남았다면 따라 버려요.

❹

병아리콩물을 붓고 슬라이스치즈를 넣은 다음 적당히 줄어들 때까지 끓인다.

TIP 콩물을 미리 만들지 못했다면 병아리콩 1컵, 두유 1컵(200ml), 소금 한 꼬집을 블렌더에 넣고 갈아 즉석에서 만들어도 좋아요.

❺

불을 끄기 직전에 간을 보고 싱거우면 소금을 추가로 넣는다.

❻

접시에 담아낸다.

It's me Diet Recipe

크림새우만두

◆

두유와 치즈로 맛을 낸 크림소스에 닭가슴살만두와 쫄깃한 새우를 퐁당 빠뜨려 보세요.
바삭하게 구운 만두를 부드러운 크림소스에 푹 적셔 먹으면 외식 생각이 싹 사라질 거예요.

Ingredients

- 닭가슴살만두 3개
- 냉동새우 1줌(100g)
- 냉동그린빈 1줌(55g)
- 무가당두유 2/3컵(120ml)
- 슬라이스치즈 1장
- 파마산치즈가루 1/2스푼
- 통후추 약간
- 올리브오일 약간

Recipe

❶

닭가슴살만두에 올리브오일을 바르고 에어프라이어에 160도 14분 조리하거나, 팬에 바삭하게 굽는다.

TIP 에어프라이어 조리 시 기기마다 열전도율이 다르니 중간중간 만두 상태를 확인하며 익히는 시간을 조절해요.

❷

마른 팬에 해동한 새우와 그린빈을 넣어 중불에 겉면을 노릇하게 굽는다.

TIP 오일은 두르지 않고 물을 조금씩 부어가며 익혀요.

❸

팬에 두유와 슬라이스치즈, 파마산치즈가루를 넣고 저어가며 졸인다. 불을 끄기 직전에 통후추를 뿌린다.

TIP 마지막에 간을 보고 싱거우면 소금을 약간 추가해요.

❹

접시에 옮겨 담고, 그 위에 만두를 얹어 완성한다.

It's me Diet Recipe

냉장고 속 재료들에 작은 노력을 더하면 근사하고 맛있는 다이어트 브런치를 만들 수 있어요.
매일 먹는 흔한 식재료의 곁들임을 달리하거나 플레이팅에 조금 더 신경 써서
손님에게 대접하기에 손색없는 요리를 만들고 친구, 연인, 가족과 분위기 있게 즐겨보세요.
당과 칼로리는 줄이고, 카페 느낌은 충만한 세 가지 음료도 준비되어 있답니다.

Part3

♦

건강하게 만들어도 근사해요!
브런치 식단

It's me Diet Recipe

소시지만두볶음

◆

냉장고를 털어 만든 요리도 재료들 간의 맛 조합에 따라 근사한 식사 메뉴가 될 수 있어요.
마지막에 얹어 내는 상큼하고 크리미한 그릭요거트 한 스푼을 꼭 잊지 마세요!

Ingredients

- 닭가슴살만두 3개
- 닭가슴살소시지 1개(60g)
- 루꼴라 1줌
- 무지방그릭요거트 1스푼(25g)
- 페페론치노 약간
- 통후추 약간
- 올리브오일 약간

Recipe

❶ 닭가슴살만두와 닭가슴살소시지는 상온 또는 전자레인지에 해동한다. 루꼴라는 흐르는 물에 헹궈 체에 밭쳐둔다.

❷ 소시지를 사방 1cm 크기로 자른다.

❸ 올리브오일을 두른 팬에 소시지와 만두를 넣고 중불에서 바삭하게 굽는다.

TIP 이 과정에서 양파, 양배추, 애호박 등 냉장고 속 재료들을 추가하면 더 큰 포만감을 느낄 수 있어요. 이때 부족한 간은 소금으로 해주세요.

❹ 불을 끄고 루꼴라와 통후추, 페페론치노를 넣어 고르게 섞는다.

❺ 접시에 담아 그릭요거트를 곁들여 낸다.

It's me Diet Recipe

바질크림수제비

◆

바질페스토를 넣어 만든 두유크림소스에 라이스페이퍼를 수제비처럼 찢어 만드는 원팬수제비예요.
이건 정말 배달음식 못지않은 맛이라 손님 초대용 요리로도 자신 있게 추천할 수 있어요!

Ingredients

- 현미라이스페이퍼 6장
- 냉동새우 1줌(100g)
- 베이컨 2줄
- 다진 마늘 1/2스푼
- 허브솔트 약간(또는 소금+통후추, 옵션)

Sauce

- 바질페스토 2/3스푼
- 무가당두유 1컵(200ml)
- 슬라이스치즈 1장

Recipe

❶ 베이컨은 한 입 크기로 자르고 새우는 물에 여러 번 헹궈둔다.

TIP 냉동새우는 하루 전날 냉장실로 옮기거나 물에 담가 미리 해동해요.

❷ 마른 라이스페이퍼 1장 → 물에 충분히 적신 라이스페이퍼 1장 → 마른 라이스페이퍼 1장 순으로 겹쳐 얹고 손으로 꾹꾹 눌러가며 서로 접착시킨다. 이 과정을 한 번 더 반복한다.

❸ 냉동새우, 베이컨, 다진 마늘을 팬에 넣고 중약불에서 볶는다.

❹ 소스 재료를 모두 넣고 끓어오를 때까지 가열한다.

❺ 약불로 줄이고 라이스페이퍼를 수제비 반죽처럼 손으로 찢어 넣는다. 저어가며 1분간 익힌다.

TIP 불을 끄기 직전에 간을 보고 허브솔트를 첨가하거나 생략해도 좋아요.

더 맛있게 먹는 법

라이스페이퍼는 시간이 지날수록 수분을 흡수하기 때문에 손님 초대용으로 요리한다면 ❺의 과정은 식사 바로 직전에 진행해요.

It's me Diet Recipe

두유프렌치토스트

◆

두유에 불린 치아씨드를 통밀식빵에 묻혀 달걀 없이 구워낸 담백한 맛의 프렌치토스트예요.
원하는 단맛 정도에 맞춰 대체당을 추가로 넣거나 적당량의 과일을 곁들여 드세요.
새콤한 맛이 강하게 느껴지는 과일보다는 달콤한 과일과 함께 먹을 때 맛 조합이 좋습니다.

Ingredients

- ☐ 통밀식빵 2장
- ☐ 치아씨드 2스푼
- ☐ 무가당두유 1컵(200ml)
- ☐ 알룰로스 1+1/2스푼
- ☐ 시나몬파우더 약간
- ☐ 올리브오일 약간

Topping (옵션)

- ☐ 냉동블루베리 2스푼

Recipe

❶ 식빵이 들어갈 만한 넓은 용기에 두유와 치아씨드, 알룰로스, 시나몬파우더를 넣어 섞고, 반나절 이상 냉장 보관 한다.

❷ 냉장 보관 해두었던 ❶에 식빵을 담그고 앞뒤로 뒤적이며 골고루 적신다.

TIP 냉동식빵은 전자레인지 또는 상온에서 해동 후 담가야 두유가 속까지 충분히 스며들어요.

❸ 올리브오일을 두른 팬에 적신 빵을 얹고 중약불에 노릇하게 굽는다.

❹ 토스트를 접시에 담아 그대로 먹거나, 냉동블루베리를 곁들여 먹는다.

It's me Diet Recipe

베지그릴샌드위치

◆

토마토파스타소스에 병아리콩을 으깨 넣어서 단백질과 고소한 맛을 더했어요.
채소는 어떤 것이든 좋으니 치즈와 함께 바삭하게 구운 빵에 샌드해 맛있게 즐겨요!

Ingredients

- ☐ 통밀식빵 2장
- ☐ 애호박 1/2개
- ☐ 새송이버섯 1개
- ☐ 슬라이스치즈 1장
- ☐ 삶은 병아리콩 3스푼 026쪽 참고
- ☐ 토마토파스타소스 2스푼
- ☐ 소금 약간
- ☐ 올리브오일 약간

Recipe

❶ 삶은 병아리콩을 그릇에 담아 포크로 으깨고, 토마토 파스타소스를 넣어 섞는다.

❷ 깨끗이 씻은 애호박과 새송이버섯을 얇게 슬라이스 한다.

TIP 가지, 토마토 등 좋아하는 채소를 취향껏 활용해도 좋아요.

❸ 올리브오일을 두른 팬에 새송이버섯과 애호박을 얹는다. 중불에 앞뒤로 노릇하게 굽고 약간의 소금 간을 한다.

❹ 통밀식빵 → 소스 → 구운 채소 → 슬라이스치즈 → 통밀식빵 순서로 쌓아 올린다.

❺ 채소를 구웠던 팬에 샌드위치를 올리고 양면을 노릇하게 굽는다.

It's me Diet Recipe

콩불타코

◆

바삭하게 구운 또띠아 위에 불고기양념을 입힌 병아리콩과 으깬 아보카도를 얹어보세요.
무지방그릭요거트를 사워크림처럼 활용하면 집에서도 정말 맛있는 타코를 먹을 수 있어요.
또띠아 두 장을 사용해 돌돌 말아 랩으로 만들어도 좋습니다.

Ingredients

- ☐ 통밀또띠아 1장
- ☐ 아보카도 1/2개
- ☐ 양파 1/6개(25g)
- ☐ 삶은 병아리콩 2/3컵 026쪽 참고
- ☐ 진간장 1+1/2스푼
- ☐ 알룰로스 1스푼
- ☐ 레몬즙 1스푼
- ☐ 통후추 약간
- ☐ 소금 약간
- ☐ 올리브오일 약간
- ☐ 무지방그릭요거트 1스푼
- ☐ 파마산치즈가루 약간
- ☐ 파슬리 약간

Recipe

❶ 껍질을 벗긴 양파는 잘게 다지고, 아보카도는 볼에 담아 으깬다.

❷ 아보카도를 으깬 볼에 다진 양파, 레몬즙, 통후추, 소금을 넣고 섞는다.

❸ 또띠아를 중불에 앞뒤로 노릇하게 굽는다.

TIP 구운 또띠아를 살짝 접어 가벼운 수저를 얹어두면 타코 모양을 쉽게 만들 수 있어요.

❹ 올리브오일을 두른 팬에 병아리콩과 간장, 알룰로스를 넣고 약불에 볶는다.

❺ 구운 또띠아 위에 ❷에서 만든 속재료 → 볶은 병아리콩 → 그릭요거트 → 파슬리, 파마산치즈가루 순으로 얹어 완성한다.

It's me Diet Recipe

블루베리오트밀크레페

◆

이 레시피만 있다면 밀가루나 신선한 생과일 없이도 맛있는 크레페를 맛볼 수 있어요.
그릭요거트와 크림치즈를 섞어 만든 크림은 리코타치즈나 저당아이스크림으로 대체해도 좋습니다.

Ingredients

- ☐ 간 오트밀 1/2컵(40g)
- ☐ 무가당두유 2/3컵(120ml)
- ☐ 달걀 1개
- ☐ 에리스리톨 1/2스푼
- ☐ 베이킹파우더 1/3스푼
- ☐ 무염버터 10g
- ☐ 소금 약간

Topping

- ☐ 냉동블루베리 3스푼
- ☐ 저지방크림치즈 1/2스푼
- ☐ 무지방그릭요거트 1스푼

Recipe

❶ 버터를 볼에 담고 전자레인지에 10~15초 조리해 녹인다.

TIP 버터를 전자레인지에 장시간 조리하면 탈 수 있으니 액체화되었을 때 조리를 멈춰요.

❷ 녹인 버터와 오트밀, 두유, 달걀, 에리스리톨, 베이킹파우더, 소금을 볼에 담고 잘 섞는다.

TIP 미리 갈아둔 오트밀이 없다면 재료를 볼이 아닌 블렌더에 모두 넣고 갈아도 좋아요.

❸ 약불 예열한 팬에 반죽을 얹고 팬을 굴려가며 얇게 펼친다. 뚜껑을 덮고 크레페 표면에 기포가 생기면서 완전히 익을 때까지 기다린다.

TIP 지름이 작은 팬을 사용하는 경우 2회에 나눠 구워요.

❹ 크레페를 가로세로 방향으로 각 1회씩 접어 접시에 담는다.

❺ 크림치즈와 요거트를 볼에 담아 잘 섞는다.

❻ 흐르는 물에 가볍게 헹군 블루베리와 ❺를 크레페 위에 얹어 완성한다.

It's me Diet Recipe

꿀마토닭스테이크

◆

토마토에 약간의 대체당을 첨가해 직접 졸인 토마토소스는 상큼하고 깔끔한 맛이 참 좋습니다.
치즈를 품은 닭가슴살스테이크를 큼직하게 자르고 토마토소스를 충분히 얹어 드세요.

Ingredients

- 토마토 1개
- 완조리닭가슴살 1개
- 모짜렐라치즈 60g
- 바질페스토 1/2스푼
- 에리스리톨 1/2스푼
- 올리브오일 약간

Recipe

❶ 토마토와 에리스리톨을 블렌더에 넣고 갈아준다.

❷ ❶을 냄비에 붓고 토마토의 색이 충분히 진해질 때까지 저어가며 졸인다.

❸ 닭가슴살의 배를 가르고, 모짜렐라치즈는 5~6mm 두께로 편 썬다.

❹ 올리브오일을 두른 팬에 닭가슴살을 얹고 중불에서 앞뒤로 노릇하게 굽는다.

❺ 구운 닭가슴살에 모짜렐라치즈를 넣어 채운다.

❻ 졸인 토마토소스를 접시에 담는다. ❺에 바질페스토를 발라 그 위에 얹는다.

It's me Diet Recipe

바질어니언그릭샌드

◆

상큼한 그릭요거트에 양파와 알룰로스를 섞으면 그 자체로 훌륭한 소스가 완성돼요.
바질페스토를 바른 치아바타가 오일에 볶은 브로콜리를 만나니 식감과 맛이 정말 끝내줘요.

Ingredients

- ☐ 치아바타 1개
- ☐ 양파 1/4개(50g)
- ☐ 브로콜리 1/4개(50g)
- ☐ 샌드위치햄 2장
- ☐ 무지방그릭요거트 4스푼(100g)
- ☐ 바질페스토 1/2스푼
- ☐ 알룰로스 2스푼
- ☐ 허브솔트 약간(또는 소금+통후추)
- ☐ 올리브오일 약간

Recipe

❶ 치아바타를 반으로 갈라 바삭하게 굽는다.

❷ 껍질을 벗긴 양파는 얇게 채 썰고, 샌드위치햄과 브로콜리는 한 입 크기로 자른다.

TIP 브로콜리는 가위로 줄기 부분을 톡톡 잘라내어 물에 10분 이상 담갔다가 여러 번 흔들어 씻은 뒤 요리에 사용해요.

❸ 볼에 그릭요거트, 알룰로스, 채 썬 양파를 넣고 버무린다.

❹ 올리브오일을 두른 팬에 브로콜리, 샌드위치햄, 허브솔트를 넣어 버무리고 중불에서 노르스름하게 볶는다.

TIP 허브솔트는 재료를 다 볶은 후 브로콜리를 먹어봤을 때 싱겁게 느껴지지 않는 정도로 넣어요.

❺ 치아바타의 한쪽 면에 바질페스토를 바르고 ❹를 얹는다.

❻ ❸의 소스를 올리고 치아바타의 다른 한쪽 면을 덮어 랩으로 감싼다.

TIP 치아바타는 가로 길이가 길고 굴곡이 많으니 종이호일보다 랩으로 감싸는 걸 추천해요.

It's me Diet Recipe

초콜렛프렌치토스트

◆

토스트는 적정량의 단백질을 섭취하기 어렵기 때문에 다이어트에 좋은 음식은 아니지만
프로틴파우더를 섞은 달걀물을 묻혀 구운 토스트라면 이야기가 달라집니다.
칼로리가 낮은 아이스크림이나 딸기, 블루베리, 체리 등의 과일과 함께 먹으면 더 맛있어요.

Ingredients

- 통밀식빵 2장
- 초코맛 프로틴파우더 2스푼(25g)
- 달걀 1개
- 무가당두유 3스푼
- 알룰로스 1스푼
- 올리브오일 약간
- 무가당코코아파우더 1/2스푼(옵션)
- 바닐라오일 1/3스푼(옵션)
- 바닐라맛 저당 아이스크림 2스푼(옵션)

Recipe

❶

넓고 오목한 접시에 프로틴파우더, 달걀, 두유, 알룰로스, 코코아파우더(옵션), 바닐라오일(옵션)을 넣고 포크로 저어가며 섞는다.

❷

식빵을 담고 앞뒤로 충분히 적신다.

TIP 냉동식빵은 물을 담은 그릇과 함께 전자레인지에 30~40초 조리 후 이 과정을 진행해요.

❸

올리브오일을 두른 팬에 적신 식빵을 얹고 중약불에서 앞뒤로 굽는다.

❹

아이스크림을 곁들여 접시에 담아낸다.

It's me Diet Recipe

홀리몰리토스트

◆

달걀 반숙 요리를 좋아한다면 이 토스트도 취향에 꼭 맞을 거라고 믿어요.
녹인 버터에 달걀노른자를 섞어 만드는 정석적인 홀랜다이즈소스와는 맛이 전혀 다르지만
어딘가 묘하게 매력 있고 끌리는 맛이라 자꾸만 생각날 거예요.

Ingredients

- ☐ 호밀빵 1조각(또는 통밀식빵)
- ☐ 달걀 2개
- ☐ 아보카도 1/2개
- ☐ 레몬즙 1/2스푼
- ☐ 통후추 약간

Sauce

- ☐ 무지방그릭요거트 1스푼(25g)
- ☐ 알룰로스 1스푼
- ☐ 무가당머스터드 1/2스푼
- ☐ 파마산치즈가루 1/2스푼

Recipe

❶ 호밀빵을 노릇하게 굽는다.

❷ 소스 재료를 모두 볼에 담아 섞는다.

TIP 소스에서 알룰로스를 빼면 단맛 없이 담백한 토스트를 만들 수 있어요.

❸ 다른 볼에 아보카도를 담아 으깨고 레몬즙을 넣어 섞는다.

❹ 호밀빵 위에 ❸을 올리고 그 위에 수란(025쪽 참고)을 만들어 얹는다.

❺ 소스를 넉넉하게 붓고, 통후추를 뿌려 완성한다.

TIP 이 과정에 페페론치노를 추가해도 좋아요.

It's me Diet Recipe

단호박로제리조또

매콤달콤한 맛에 꾸덕하기까지 한 이 로제리조또에는 놀랍게도 크림이 단 한 방울도 들어 있지 않아요.
현미밥은 오트밀로 대체할 수 있지만 저는 밥을 넣었을 때 식감 만족도가 더 높았답니다.

Ingredients

- ☐ 냉동단호박 110g 027쪽 참고
- ☐ 양파 1/2개(100g)
- ☐ 양배추 50g
- ☐ 현미밥 40g
- ☐ 냉동새우 1/2줌(40g)
- ☐ 샌드위치햄 2장
- ☐ 슬라이스치즈 1장
- ☐ 토마토파스타소스 2스푼
- ☐ 무가당두유 1컵(200ml)
- ☐ 페페론치노 약간
- ☐ 소금 약간
- ☐ 올리브오일 약간

Recipe

❶ 냉동단호박은 상온 또는 전자레인지로 해동하고 냉동새우는 물에 담가 해동한다.

❷ 다지기를 사용해 양파와 양배추를 다지고, 샌드위치햄은 한 입 크기로 자른다.

TIP 다지기가 없다면 칼로 다져요.

❸ 올리브오일을 두른 팬에 다진 양파와 양배추, 새우, 햄을 넣고 중약불에서 약 3분간 볶는다.

❹ 팬에 두유를 붓고 파스타소스, 슬라이스치즈, 현미밥, 소금을 넣는다. 단호박을 넣고 수저로 으깬 뒤 저어가며 졸인다.

❺ 불을 끄고 페페론치노를 뿌린 다음 접시에 담아낸다.

It's me Diet Recipe

땅콩오트밀와플

◆

씹을수록 은은한 땅콩향이 올라오는 고소하고 담백한 맛의 오트밀와플이에요.
고칼로리 시럽을 대신해 알룰로스를, 토핑으로는 너무 많이 후숙되지 않은 싱싱한 바나나를 추천할게요.

Ingredients

- ☐ 퀵오트밀 3스푼(25g)
- ☐ 무가당땅콩파우더 1+1/2스푼(15g)
- ☐ 달걀 2개
- ☐ 무가당두유 1/2컵(100ml)
- ☐ 베이킹파우더 1/4스푼
- ☐ 에리스리톨 1/2스푼
- ☐ 올리브오일 약간
- ☐ 무가당코코아파우더 1/4스푼(옵션)
- ☐ 바닐라오일 1/3스푼(옵션)
- ☐ 소금 약간

Topping

- ☐ 바나나 1개
- ☐ 알룰로스 1스푼

Recipe

❶ 토핑을 제외한 모든 재료를 블렌더에 담고 곱게 갈아 와플 반죽을 만든다.

TIP 와플팬 아닌 일반 팬에 구울 때는 반죽에 두유를 넣지 않아요.

❷ 예열된 와플팬의 윗면과 아랫면 모두에 올리브오일을 바르고 와플 반죽을 부어 굽는다. 이 과정을 한 번 더 반복한다.

❸ 토핑용 바나나는 한 입 크기로 자른다.

❹ 구운 와플을 접시에 옮겨 담고 바나나와 알룰로스를 곁들여 먹는다.

It's me Diet Recipe

토마토액젓파스타

◆

평범한 토마토해물파스타에 액젓 한 스푼을 넣는 순간 한국인의 매운맛을 담은 요리로 변신해요.
국물의 양이 넉넉하고 얼큰해서 피치 못한 음주 약속 다음 날, 짬뽕을 대신할 해장 메뉴로 정말 좋습니다.

Ingredients

- ☐ 냉동슬라이스오징어 70g
- ☐ 냉동새우 1/2줌(40g)
- ☐ 통밀파스타 60g
- ☐ 토마토파스타소스 2스푼
- ☐ 고춧가루 1/3스푼
- ☐ 다진 마늘 1/2스푼
- ☐ 멸치액젓 1스푼
- ☐ 올리브오일 1스푼
- ☐ 물 3+1/2컵(700ml)
- ☐ 페페론치노 약간

Recipe

❶ 냉동오징어와 냉동새우는 찬물에 담가 해동 후 체에 밭쳐 물기를 제거한다.

TIP 새우는 해동 후 꼬리를 제거해요.

❷ 올리브오일을 두른 팬에 다진 마늘, 오징어, 새우를 넣고 중불에서 약 2분간 볶는다.

❸ 페페론치노를 제외한 나머지 재료를 모두 넣고 12~13분간 끓인다.

TIP 끓는 동안 물이 너무 졸아들면 조금씩 추가로 넣어요.

❹ 면이 다 익으면 페페론치노를 뿌리고 가볍게 섞어 완성한다.

TIP 이때 간을 보고 싱거우면 소금을, 매운맛이 부족하면 페페론치노를 조금 더 첨가해요.

New Recipe

It's me Diet Recipe

병아리콩치즈스틱

◆

으깬 병아리콩을 치즈와 버무리고 라이스페이퍼로 감싸 치즈스틱을 만들었어요.
달콤한 알룰로스에 찍어 먹으면 잘 구운 가래떡을 꿀에 찍어 먹는 기분이 들 거예요.

Ingredients

- ☐ 현미라이스페이퍼 4장
- ☐ 삶은 병아리콩 2/3컵 026쪽 참고
- ☐ 캔옥수수 2스푼
- ☐ 슈레드피자치즈 2스푼
- ☐ 알룰로스 2스푼
- ☐ 올리브오일 1스푼
- ☐ 파슬리 약간(옵션)

Recipe

삶은 병아리콩을 다지기에 넣고 잘게 다진다.

TIP 다지기가 없다면 도마 위에 얹고 칼로 잘게 다져요. 냉동병아리콩은 상온 또는 전자레인지로 해동 후 다져요.

다진 병아리콩에 피자치즈와 캔옥수수를 넣고 잘 섞은 후 전자레인지에 2분 조리한다. 조리 후 한 번 더 섞는다.

마른 라이스페이퍼 위에 물에 충분히 적신 라이스페이퍼를 얹어 접착시킨다. 가운데에 ❷에서 조리한 병아리콩을 얹는다.

양옆을 먼저 접은 후 월남쌈을 만들듯이 돌돌 말아준다.

올리브오일을 두른 팬에 굴려가며 중불에 굽는다.

파슬리(옵션)를 뿌리고 알룰로스와 함께 그릇에 담아낸다.

It's me Diet Recipe

프로틴초코팬케이크

◆

달콤한 식사 대용 디저트가 당기는 날, 고단백 초코맛 팬케이크를 만들어보세요.
녹차맛, 바닐라맛 등의 다양한 프로틴파우더를 활용해 여러 가지 맛으로 즐길 수 있어요.

Ingredients

- ☐ 달걀 1개
- ☐ 위트빅스 2조각 (또는 퀵오트밀 5스푼)
- ☐ 무가당두유 1/2컵(100ml)
- ☐ 물 1/4컵(50ml)
- ☐ 초코맛 프로틴파우더 1스푼(15g)
- ☐ 올리브오일 2/3스푼
- ☐ 소금 약간

Topping

- ☐ 바나나 2/3개
- ☐ 저지방크림치즈 1/2스푼
- ☐ 무가당코코아파우더 1/3스푼
- ☐ 알룰로스 1스푼

Recipe

❶

토핑 재료를 제외한 모든 재료를 블렌더에 넣고 곱게 갈아 반죽을 만든다.

❷

약불 예열한 팬에 반죽을 얇게 펼쳐 올려 굽는다.

❸

아랫면이 익으면서 고소한 냄새가 나면 팬케이크를 뒤집는다. 반쪽 면에 크림치즈를 바른 다음 바나나를 잘라 얹는다.

❹

볼에 알룰로스와 코코아파우더를 섞어 초코시럽을 만든다.

❺

팬케이크를 반으로 접어 접시에 담고, 초코시럽을 뿌려 완성한다.

It's me Diet Recipe

흑임자두유슈페너

달콤한 생크림을 듬뿍 얹은 아인슈페너를 상상하며 만들었어요.
칼로리 부담이 적은 두유와 저당아이스크림으로 만들었지만 비주얼만큼은 유명 카페가 부럽지 않습니다.
편안한 내 집에서 내가 만든 음료 한 잔으로 카페 감성을 느껴보세요.

Ingredients

- ☐ 흑임자가루 1스푼(10g)
- ☐ 바닐라맛 저당아이스크림 2스푼
- ☐ 알룰로스 1스푼
- ☐ 무가당두유 3/4컵(또는 저지방우유)
- ☐ 에스프레소 1샷
  (또는 약 25ml 물에 녹인 인스턴트커피)
- ☐ 얼음 1/2컵
- ☐ 바닐라오일 1/3스푼(옵션)

Recipe

❶ 흑임자가루, 아이스크림, 알룰로스, 바닐라오일(옵션)을 섞어 흑임자크림을 만든다.

❷ 컵에 얼음을 담고 두유를 붓는다.

❸ 에스프레소 샷을 넣고 흑임자크림을 얹는다.

❹ 여분의 흑임사가루를 얹고 잘 섞어 먹는다.

It's me Diet Recipe

치아베리에이드

◆

직접 만들어 건강한 잼으로 여름에 시원하게 즐기기 좋은 에이드를 만들어보세요.
입 안에서 톡톡 씹히는 치아씨드가 탄산수의 청량함과 어우러져 훨씬 더 시원하게 느껴질 거예요.

Ingredients

- 치아베리잼 1+1/2스푼(또는 저당잼) 288쪽 참고
- 치아씨드 1스푼
- 알룰로스 1스푼
- 레몬즙 1스푼
- 물 1/4컵(50ml)
- 탄산수 1컵(200ml)
- 얼음 1컵

Recipe

❶ 잼, 치아씨드, 알룰로스, 레몬즙, 물을 잔에 담고 냉장고에 1시간 이상 둔다.

TIP 치아씨드가 수분에 불어날 수 있게 시간이 필요해요.

❷ 냉장고에서 잔을 꺼내 얼음을 담는다.

❸ 탄산수를 따르고 빨대나 스푼으로 잘 섞어 마신다.

It's me Diet Recipe

시나몬두유라떼

◆

다이어트를 시작한 이후 즐겨 마시던 두유라떼에 구독자님이 알려주신 한 가지의 팁을 더하니
매일 마셔도 좋을 만큼 맛있고 중독성 있는 레시피가 완성됐어요.
얼음을 넣어 차갑게 즐길 수도 있지만 따뜻하게 먹었을 때 제맛이 느껴지는 라떼입니다.

Ingredients

- 에스프레소 1샷
  (또는 약 50ml 물에 녹인 인스턴트커피)
- 무가당두유 1컵(200ml)
- 알룰로스 1스푼
- 바닐라오일 1/3스푼
- 시나몬파우더 약간

Recipe

❶ 에스프레소 샷을 추출하거나 인스턴트커피를 물에 녹여 준비한다.

❷ 두유와 알룰로스를 컵에 담고 전자레인지에 2분간 조리한다.

❸ 데운 두유에 에스프레소 샷과 바닐라오일을 넣는다.

❹ 시나몬파우더를 뿌려 완성하고 가볍게 저어 마신다.

It's me Diet Recipe

한 끼, 하루 과식했다고 좌절하거나 굶지 마세요.
여기에서는 붓기와 노폐물 배출에 도움을 주는 식이섬유가 풍부한 재료들을 사용해
되도록 클린한 방법으로 조리한 가벼운 식사를 준비했어요.
식사 약속이 있거나 먹고 싶은 음식이 잘 참아지지 않을 때는 즐겁게 먹되
다음 날 하루 정도는 가벼운 식사를 하면서 몸이 다시 원래의 패턴을 찾을 수 있게 도와주세요.

Part4

◆

어제 과식했어요? 내일 약속 있어요?
119 식단

It's me Diet Recipe

단호박콜드수프

◆

달콤한 단호박스무디에 바삭하게 구운 닭가슴살소시지를 얹은 모양이 꼭 수프를 닮아 붙여진 이름이에요.
베이컨이나 훈제오리를 활용해도 맛있으니, 냉장고 사정에 따라 여러 가지 방법으로 만들어보세요!

Ingredients

- ☐ 닭가슴살소시지 1개(60g)
- ☐ 냉동단호박 (110g) 027쪽 참고
- ☐ 무지방그릭요거트 2스푼(50g)
- ☐ 무가당두유 1/2컵 (100ml, 또는 무가당아몬드음료)
- ☐ 물 1/2컵(100ml)
- ☐ 알룰로스 1스푼
- ☐ 파슬리 약간

Recipe

❶

닭가슴살소시지는 가위를 사용해 사방 1cm 크기로 자른다.

❷

자른 소시지를 에어프라이어에 넣고 가장자리 부분이 바삭해질 때까지 굽는다.

TIP 180도에서 6~8분 조리하되 에어프라이어 사양에 따라 시간을 조절해요. 에어프라이어가 없다면 팬에 구워도 좋아요.

❸

단호박, 그릭요거트, 두유, 물, 알룰로스를 모두 블렌더에 넣고 곱게 갈아준다.

TIP 소시지가 구워지는 시간을 활용해요.

❹

곱게 간 재료를 그릇에 담고 구운 닭가슴살소시지와 파슬리를 얹어 완성한다.

It's me Diet Recipe

달걀된장오트죽

가쓰오장국으로 맛을 낸 된장 베이스에 오트밀과 다진 양파 그리고 양배추를 졸여 만든 죽이에요.
감칠맛 듬뿍 머금은 오트밀죽을 반숙으로 익힌 달걀과 함께 잘 섞어 먹으니
뜨끈한 된장찌개에 말은 밥 한 그릇이 부럽지 않을 만큼 맛있고 속이 든든합니다.

Ingredients

- ☐ 퀵오트밀 3스푼(25g)
- ☐ 달걀 2개
- ☐ 양파 1/4개(50g)
- ☐ 양배추 1줌(50g)
- ☐ 베이비시금치 1줌
- ☐ 다진 마늘 1/2스푼
- ☐ 된장 1/3스푼
- ☐ 가쓰오장국 1스푼
- ☐ 물 1컵(200ml)
- ☐ 올리브오일 1스푼
- ☐ 페페론치노 약간

Recipe

❶ 껍질을 벗긴 양파와 깨끗이 씻은 양배추는 잘게 다지고, 시금치는 씻어서 체에 밭쳐둔다.

❷ 올리브오일을 두른 팬에 다진 마늘과 양파, 양배추를 넣고 중불에 볶는다.

❸ 된장, 가쓰오장국, 물, 시금치와 오트밀을 넣고 약불에 저어가며 졸인다.

❹ 물이 완선히 졸아들기 전에 달걀을 깨뜨려 넣는다. 뚜껑을 덮은 후 달걀흰자가 익기를 기다린다.

❺ 접시에 옮겨 담고 페페론치노를 뿌려 낸다.

It's me Diet Recipe

임자있는보틀샐러드

◆

달콤한 사과와 청량한 오이를 고소한 흑임자소스에 버무려 샐러드로 즐겨요.
자극적인 식사 스케줄이 예정되어 있다면 한 끼 정도는 가볍고 클린하게 먹는 게 어떨까요?

Ingredients

- ☐ 사과 1/2개
- ☐ 오이 1/2개
- ☐ 믹스견과 1봉(20g)

Sauce

- ☐ 무지방그릭요거트 2스푼(50g)
- ☐ 무가당두유 3스푼
- ☐ 흑임자가루 1스푼
- ☐ 햄프씨드 1스푼(옵션)
- ☐ 소금 약간

Recipe

❶ 깨끗이 씻은 사과와 오이는 한 입 크기로 깍둑썬다.

❷ 뚜껑이 있는 용기에 깍둑썬 재료와 믹스견과를 담는다.

❸ 볼에 소스 재료를 모두 담고 잘 섞는다.

TIP 단맛이 부족한 사과로 만들 때는 알룰로스를 추가로 넣고 섞어요.

❹ ❷에 소스를 넣고 뚜껑을 덮은 후, 고루 섞이도록 흔들어 완성한다.

더 맛있게 먹는 법 사과와 오이만큼 청포도, 단감, 골드키위도 흑임자소스와 잘 어울려요.

It's me Diet Recipe

크림맛깻잎리조또

♦

버섯과 양파를 넉넉히 다져 넣은 크림리조또에 깻잎향을 더했어요.
오래되어 시들어가는 식재료를 처리하기에도 좋아서 냉털 메뉴로도 제격입니다.

Ingredients

- ☐ 완조리닭가슴살 1개
- ☐ 느타리버섯 1줌(60g)
- ☐ 양파 1/2개(100g)
- ☐ 깻잎 7장
- ☐ 현미밥 70g
- ☐ 무가당두유 1/2컵 (100ml, 또는 무가당아몬드음료)
- ☐ 슬라이스치즈 1장
- ☐ 무순 1줌(20g, 옵션)
- ☐ 치킨스톡 1/3스푼
- ☐ 소금 약간
- ☐ 통후추 약간
- ☐ 페페론치노 약간
- ☐ 올리브오일 약간

Recipe

❶ 올리브오일을 두른 팬에 닭가슴살을 중약불로 노릇하게 굽고, 접시에 옮겨둔다.

❷ 깨끗이 씻은 깻잎과 느타리버섯, 양파를 다지기에 넣어 잘게 다진다.

TIP 다지기가 없다면 칼로 다져도 좋아요.

❸ 닭가슴살을 구웠던 팬에 다진 재료들 넣고 수분을 날리며 볶는다.

❹ 현미밥, 두유, 슬라이스치즈, 치킨스톡, 통후추, 페페론치노를 넣고 졸이다가 마지막에 간을 보고 싱거우면 소금을 추가한다.

❺ 접시에 담아내고 한 입 크기로 자른 닭가슴살과 무순(옵션)을 얹는다.

It's me Diet Recipe

병아리콩수프볼

◆

고소한 밤맛이 나는 병아리콩은 양파와 함께 갈아 따뜻한 수프로도 즐길 수 있어요.
여기에 바삭하게 구운 통밀식빵 한 장을 곁들이면 훨씬 든든하고 균형 있는 식사가 됩니다.

Ingredients

- 삶은 병아리콩 1컵 026쪽 참고
- 양파 1/4개(50g)
- 무가당두유 1컵(200ml)
- 슬라이스치즈 1장
- 알룰로스 2스푼
- 소금 약간

Topping (옵션)

- 삶은 병아리콩 1스푼 026쪽 참고
- 무지방그릭요거트 1스푼
- 파슬리 약간

Recipe

❶ 병아리콩과 두유를 블렌더에 넣고 곱게 갈아준다.

❷ 냄비에 ❶을 붓고 슬라이스치즈, 소금을 넣은 후 저어가며 중약불에 끓인다.

❸ 농도가 처음보다 되직해지면 알룰로스를 넣고 가볍게 저어준다.

❹ 그릇에 담고 여분의 병아리콩, 요거트, 파슬리를 토핑해 완성한다.

It's me Diet Recipe

요거마요치킨샐러드

◆

그릭요거트를 알룰로스와 함께 졸여 마요네즈소스를 만들고,
에어프라이어에 구워 담백한 라이스페이퍼치킨과 신선한 샐러드에 곁들여 보세요.
마요네즈를 넣지 않아 칼로리가 가볍고 채소를 맛있게 먹을 수 있어 좋습니다.

Ingredients

- ☐ 완조리닭가슴살 1개
- ☐ 현미라이스페이퍼 5장
- ☐ 양파 1/4개(50g)
- ☐ 양상추 70g
- ☐ 무순 1줌(20g, 옵션)
- ☐ 올리브오일 2스푼
- ☐ 순후추 약간

Sauce

- ☐ 에리스리톨 1/2스푼
- ☐ 알룰로스 1스푼
- ☐ 레몬즙 1스푼
- ☐ 무지방그릭요거트 3스푼(75g)
- ☐ 허브솔트 약간(또는 소금+통후추)
- ☐ 파슬리 1/4스푼

Recipe

❶ 에리스리톨과 알룰로스를 약불로 예열한 냄비에 넣고 녹인 다음 불을 끄고 한 김 식힌다.

TIP 이때 열을 식히는 과정 없이 바로 ❺의 과정을 진행하면 재료들이 잘 섞이지 않고 분리되는 현상이 생길 수 있어요.

❷ 닭가슴살을 한 입 크기(약 10등분)로 자르고 후추를 뿌려둔다. 껍질을 벗긴 양파는 얇게 채 썬다.

TIP 양파의 아린맛이 싫다면 채를 썬 뒤 찬물에 잠시 담갔다가 사용해요.

❸ 무순을 흐르는 물에 헹궈 체에 밭쳐둔다. 라이스페이퍼를 서로 겹치고 중앙을 가위로 잘라 2등분한다.

❹ 물에 적신 라이스페이퍼로 닭가슴살을 감싼 다음, 서로 겹치지 않게 에어프라이어에 넣고 올리브오일을 뿌리거나 바른 뒤 170도에서 약 10~11분 굽는다.

TIP 중간중간 상태를 확인하며 굽는 시간을 조절해요. 올리브오일을 두른 팬에 바삭하게 굽는 것으로 대신해도 좋아요.

❺ 한 김 식혀둔 ❶에 나머지 소스 재료를 모두 넣고 잘 섞는다.

TIP 이때는 가열하지 않아요.

❻ 그릇에 양상추를 담은 뒤 구운 닭가슴살, 채 썬 양파, 소스, 무순(옵션)을 올려 완성한다.

TIP 양상추는 손으로 찢어 물에 여러 번 헹구고 물기를 충분히 제거해요.

It's me Diet Recipe

고사리범벅

◆

반찬으로 즐겨 먹는 고사리나물에 닭가슴살과 오트밀을 곁들였어요.
이 레시피에서 오트밀을 빼고 간장의 양을 늘리면 밥반찬이나 덮밥으로도 먹을 수 있습니다.

Ingredients

- ☐ 데친 고사리 80g
- ☐ 완조리닭가슴살 1개
- ☐ 퀵오트밀 2스푼
- ☐ 물 3스푼
- ☐ 진간장 1스푼
- ☐ 대파 7cm
- ☐ 다진 마늘 2/3스푼
- ☐ 들기름 1스푼

Recipe

❶ 닭가슴살을 손으로 가늘게 찢고 데친 고사리는 물에 가볍게 헹궈 가위로 잘라 볼에 담는다.

❷ 씻은 대파를 가위로 잘라 넣는다. 간장, 다진 마늘을 넣고 조물조물 버무린다.

TIP 닭가슴살 염도에 따라 간장 또는 소금을 추가로 넣고 간을 맞춰요.

❸ 들기름을 두른 팬에 ❷에서 버무린 재료를 넣고 약 2분간 중불에 볶는다.

❹ 약불로 줄이고 물과 오트밀을 넣고 섞는다.

TIP 수분이 거의 졸아들면 불을 끄고 그릇에 담아요.

It's me Diet Recipe

간장미역비빔밥

◆

단순한 재료라도 들기름에 볶아 달큰한 간장양념에 비비면 맛있는 요리가 될 수 있어요.
미역의 꼬들한 식감에 더해 영양이 풍부한 부추를 듬뿍 넣어 만든 양념장이 자꾸만 수저를 들게 합니다.

Ingredients

- ☐ 현미밥 100g
- ☐ 자른 미역 5g
- ☐ 표고버섯 2개
- ☐ 국간장 1/2스푼
- ☐ 들기름 약간

Sauce

- ☐ 진간장 1스푼
- ☐ 맛술 1스푼
- ☐ 들기름 1스푼
- ☐ 부추 20g

Recipe

❶ 미역은 1시간 이상 충분히 불리고, 표고버섯은 얇게 편 썬다.

❷ 볼에 씻은 부추를 쫑쫑 썰어 넣고 나머지 양념 재료와 섞어 양념장을 만든다.

❸ 들기름을 두른 팬에 물기를 꽉 짜낸 미역과 표고버섯, 국간장을 넣고 버섯이 부드러워질 때까지 중약불에 볶는다.

❹ 오목한 그릇에 현미밥과 ❸의 볶은 재료들 담아내고 양념장을 넣어 비벼 먹는다.

It's me Diet Recipe

애호박오믈렛

◆

애호박을 팬에 굽고 달걀과 피자치즈를 얹어 퓨전 스타일의 호박전을 만들었어요.
단 세 가지 재료에 약간의 소금 간을 더한 게 전부인 초간단 원팬 요리지만 맛은 최고입니다.

Ingredients

- 애호박 2/3개
- 달걀 2개
- 슈레드피자치즈 2스푼
- 소금 약간
- 올리브오일 약간

Recipe

❶ 깨끗이 씻은 애호박을 5mm 두께로 자른다.

❷ 올리브오일을 두른 팬에 애호박을 올리고 소금을 뿌려 중약불에 노릇하게 굽는다.

❸ 애호박을 한 번 뒤집고 달걀을 깨뜨려 넣는다. 약불로 줄인 후 피자치즈를 얹고 뚜껑을 덮은 채 치즈가 녹을 때까지 기다린다.

TIP 익히는 시간은 개인의 노른자 취향에 따라 조절해요.

It's me Diet Recipe

양배추어묵말이

◆

눈앞에서 갓 튀겨 나온 뜨끈한 어묵을 먹는 재미로 시장을 다녔던 기억이 있어요.
그때를 회상하며 만든 이 레시피는 어묵 두 장으로 더 배부르고 맛있는 식사를 할 수 있게 해줍니다.

Ingredients

- ☐ 달걀 2개
- ☐ 어묵 2장
- ☐ 양배추 80g
- ☐ 가쓰오장국 1스푼
- ☐ 올리브오일 약간
- ☐ 가다랑어포 2줌(옵션)

Sauce (디핑용)

- ☐ 저당케첩 1+1/2스푼

Recipe

❶ 양배추는 가늘게 채 썰고 식초 2~3방울 푼 물에 10분 이상 담갔다가 여러 번 헹궈 물기를 제거한다.

❷ 볼에 달걀을 풀고, 양배추와 가쓰오장국을 넣어 함께 섞는다.

❸ 약불로 예열한 팬에 올리브오일을 두르고 어묵을 앞 뒤로 노릇하게 굽는다.

❹ 구운 어묵 위에 ❷의 절반을 붓고 밑면이 익으면 뒤집어서 조금 더 익힌다.

❺ 가다랑어포(옵션) 한 줌을 얹고 반으로 접는다.
TIP 가다랑어포를 넣지 않을 때는 소금 간을 조금 더 해주세요.

❻ ❸~❺의 과정을 한 번 더 반복한다. 접시에 담은 후 저당케첩을 조금씩 찍어 먹는다.

It's me Diet Recipe

바지락콩탕

◆

국물이 먹고 싶은 날, 다이어트 중이라 빨갛고 자극적인 맛은 부담스러울 때가 있죠.
버터향을 입은 병아리콩을 바지락의 감칠맛이 충분히 우러난 국물과 함께 한 입 가득 머금어보세요.
통통하고 쫄깃한 바지락살을 하나씩 발라 먹는 재미도 쏠쏠합니다.

Ingredients

- 바지락 300g
- 삶은 병아리콩 2/3컵 026쪽 참고
- 깐 마늘 4알
- 청양고추 1개
- 소주 1/3컵(60ml)
- 물 1+1/2컵(300ml)
- 무염버터 1/4스푼(5g)

Recipe

❶ 마늘은 편 썰고, 청양고추는 1cm 두께로 자른다.

❷ 버터를 녹인 팬에 썰어둔 마늘과 청양고추, 해감한 바지락을 넣고 약 1분간 중불에 볶는다.

❸ 소주와 물, 병아리콩을 넣고 바지락이 모두 입을 벌릴 때까지 끓여 그릇에 담아낸다.

TIP 마지막에 간을 보고 짜게 느껴지면 물을, 싱겁게 느껴지면 소금을 추가해요. 생물 바지락은 그 자체로 충분히 짠맛을 내기 때문에 소금을 절대 미리 넣지 않아요.

쉬운 손질 팁 생물 바지락은 물에 담가 손으로 비벼가며 여러 번 씻어내고, 소금 1/4스푼, 쇠수저와 함께 물에 담가 뚜껑을 덮은 후 2시간 이상 냉장고에서 해감해요. 해감한 바지락을 다시 여러 번 헹궈서 요리에 사용해요.

New Recipe

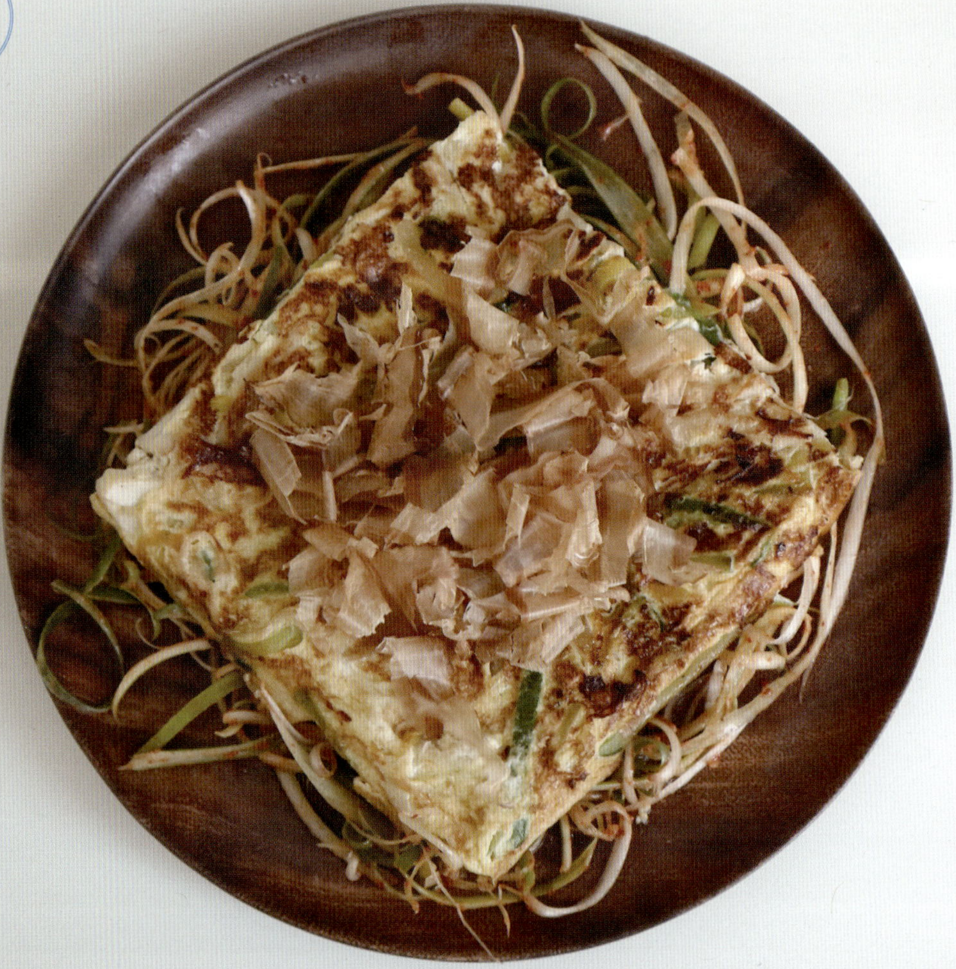

It's me Diet Recipe

파절이야채전

소고기육전에 곁들여 먹는 파절이! 자주 먹진 못해도 가끔 한 번씩 생각나는 맛이에요.
고기가 들어가지 않아도 기름에 구운 전과 파절이의 조합은 언제나 옳습니다.
냉장고 속 처치 곤란한 자투리 채소들을 한데 모으고 팬에 구워서 맛있는 식사를 만들어보세요.

Ingredients

- ☐ 달걀 2개
- ☐ 새송이버섯 1개
- ☐ 애호박 1/3개
- ☐ 양파 1/4개(50g)
- ☐ 파채 40g(또는 대파)
- ☐ 가쓰오장국 1스푼
- ☐ 들기름 1스푼
- ☐ 고춧가루 1/3스푼
- ☐ 소금 약간
- ☐ 올리브오일 약간
- ☐ 가다랑어포 1줌(옵션)

Recipe

❶ 흐르는 물에 가볍게 헹군 파채를 찬물에 10분 정도 담가 아린맛을 제거한다.

TIP 대파의 길이 방향으로 칼집을 넣어 가운데 심지를 제거하고 돌돌 말아 채를 썰거나, 파채칼을 사용해요.

❷ 깨끗이 씻은 애호박, 새송이버섯, 양파를 얇게 채 썬다.

❸ 달걀을 풀고 가쓰오장국을 섞어 달걀물을 만든다.

❹ 올리브오일을 두른 팬에 ❷에서 채 썬 야채를 넣고 중불에 볶다가 수분이 나오고 부피가 줄어들면 소금으로 간을 한다.

TIP 맵게 먹고 싶다면 청양고추를 가위로 잘라 넣어요.

❺ 달걀물을 부어 넣고 굽다가 밑면이 익으면 뒤집어서 완전히 익을 때까지 굽는다.

❻ 파채에 들기름과 고춧가루를 넣고 버무린다. 접시에 버무린 파채를 올리고 야채전과 가다랑어포(옵션)를 얹어 완성한다.

It's me Diet Recipe

두부면냉모밀

◆

시원한 가다랑어육수에 잘 삶은 메밀면을 푹 담가 먹는 냉모밀은 제가 사랑하는 여름 메뉴 중 하나예요.
메밀면 대신 칼로리가 가벼운 고단백두부면을 넣었더니 다이어트 식단으로 안성맞춤입니다.

Ingredients

- ☐ 두부면 1팩
- ☐ 무순 1줌(20g)
- ☐ 무 100g
- ☐ 얼음 2/3컵

Sauce (육수)

- ☐ 가쓰오장국 1/4컵(50ml)
- ☐ 물 2/3컵(120ml)
- ☐ 고추냉이 1/4스푼
- ☐ 에리스리톨 1/4스푼

Recipe

❶ 무순과 두부면을 흐르는 물에 헹군 뒤 체에 밭쳐 물기를 제거한다.

❷ 무는 껍질을 돌려 깎은 후 적당한 크기로 자른다.

❸ 자른 무와 육수 재료를 블렌더에 넣어 곱게 갈아준다.

❹ 그릇에 육수와 두부면, 무순을 넣고 얼음을 넣어 완성한다.

더 맛있게 먹는 법 | 완성된 육수를 냉장고에 3시간 이상 두었다가 먹으면 더 깊은 감칠맛을 느낄 수 있어요.

It's me Diet Recipe

병아리콩오이국수

◆

병아리콩과 두유를 갈아 만든 콩물만 있으면 고소하고 진한 콩국수를 집에서도 쉽게 만들 수 있어요.
오이면, 곤약면, 소면 등을 넣어 여름 대표 메뉴인 콩국수를 다양한 방법으로 즐겨보세요.

Ingredients

- 오이 1개
- 삶은 달걀 1개 025쪽 참고
- 스테비아방울토마토 2개
- 병아리콩물 1컵(200ml) 292쪽 참고
- 소금 약간(옵션)

Recipe

❶ 깨끗하게 씻은 오이를 채칼로 가늘게 채 썰고, 삶은 달걀과 토마토는 반으로 가른다.

❷ 그릇에 콩물과 오이면을 담는다.

TIP 콩물을 미리 만들지 못했다면 병아리콩 1컵, 두유 1컵(200ml), 소금 한 꼬집을 블렌더에 넣고 갈아 즉석에서 만들어도 좋아요.

❸ 방울토마토와 삶은 달걀을 얹어 완성한다.

TIP 이때 맛을 보고 부족한 간은 소금으로 해요.

New Recipe

It's me Diet Recipe

고사리두부김치

◆

캔참치 대신 영양만점 고사리를 잘 익은 배추김치와 들기름에 볶아 부드러운 두부와 함께 먹어요.
온종일 일과 학업에 시달리며 쌓인 스트레스를 짜고 자극적인 음식으로 털어내고 싶은 어느 저녁,
한 접시를 다 먹어도 칼로리가 가벼워 부담이 없는 이 요리 어떠세요?

Ingredients

- 두부 2/3모(200g)
- 배추김치 1/2컵
- 데친 고사리 1줌(50g, 또는 표고버섯 3개)
- 다진 마늘 1/2스푼
- 고춧가루 1/4스푼
- 멸치액젓 1/3스푼
- 들기름 2스푼

Recipe

배추김치와 흐르는 물에 가볍게 헹군 데친 고사리를 한 입 크기로 자른다.

전자레인지 용기에 두부가 잠길 정도의 물과 두부를 넣는다. 전자레인지에 3분간 조리해 데친다.

팬에 들기름 1스푼을 두르고 배추김치, 고사리, 다진 마늘, 고춧가루, 멸치액젓을 넣고 중약불에 약 5분간 볶는다.

TIP 김치의 염도에 따라 멸치액젓의 양을 조절해요.

데친 두부를 한 입 크기로 자르고 ❸에서 볶은 재료와 함께 접시에 담는다. 두부에 들기름 1스푼을 둘러 완성한다.

It's me Diet Recipe

수제비미역국

◆

노폐물과 붓기 배출에 좋은 미역을 듬뿍 넣고 끓인 미역국에
라이스페이퍼로 만든 수제비와 결대로 찢은 닭가슴살을 넣어보세요.
맛도 좋고 자극적이지 않아서 한 그릇을 다 비우고 나면 기분 좋은 포만감이 밀려옵니다.

Ingredients

- ☐ 완조리닭가슴살 1개
- ☐ 자른 미역 5g
- ☐ 물 2+1/2컵(500ml)
- ☐ 현미라이스페이퍼 6장
- ☐ 멸치액젓 1스푼
- ☐ 다진 마늘 1/2스푼
- ☐ 들기름 1스푼

Recipe

❶ 미역은 물에 담가 1시간 이상 불린 후 물기를 꼭 짜고, 닭가슴살은 손으로 찢어둔다.

❷ 들기름을 두른 팬에 다진 마늘, 미역, 닭가슴살을 넣고 달달 볶다가 물과 멸치액젓을 넣고 팔팔 끓인다.

❸ 마른 라이스페이퍼 1장 → 물에 충분히 적신 라이스페이퍼 1장 → 마른 라이스페이퍼 1장 순으로 겹쳐 얹고 손으로 꾹꾹 눌러가며 서로 접착시킨다. 이 과정을 한 번 더 반복한다.

❹ 라이스페이퍼를 손으로 찢어 넣고 약 1분간 더 끓인다.

TIP 간이 싱겁게 느껴지면 약간의 소금을 추가로 넣어요.

❺ 그릇에 보기 좋게 담아낸다.

It's me Diet Recipe

참나물두부무침밥

◆

담백하고 고소한 맛 때문에 반찬으로 즐겨 먹는 두부무침에 현미밥을 더해 한 그릇 요리로 담아냈어요.
두부를 삶아 면포에 넣은 뒤 수분을 짜내는 수고로움 없이, 팬에 볶아서 간편하게 만들어요.

Ingredients

- 참나물 20줄기(80g)
- 두부 2/3모(200g)
- 현미밥 50g
- 다진 마늘 2/3스푼
- 멸치액젓 1스푼
- 들기름 1스푼
- 소금 약간(옵션)

Recipe

❶ 팬에 두부를 얹고 주걱으로 으깬 다음 수분을 날려가며 중불에 볶는다. 볶은 두부는 접시에 잠시 덜어둔다.

❷ 참나물은 물에 담가 여러 번 흔들어 씻고 3등분해 자른다.

❸ 두부를 볶았던 팬에 물을 붓고 끓어오르면 참나물을 넣고 30~40초간 데친다.

❹ 참나물을 건져내 찬물에 헹구고 손으로 꼭 쥐어 물기를 짜낸다.

❺ 볶은 두부, 참나물, 현미밥을 볼에 담고 다진 마늘, 멸치액젓, 들기름, 소금 약간(옵션)을 넣는다. 비닐장갑을 낀 손으로 조물조물 무친다.

❻ 그릇에 보기 좋게 담아낸다.

It's me Diet Recipe

프로틴오트포리지

검은 반점이 생긴 바나나는 당도가 높아 오트밀과 함께 먹기 정말 좋아요.
초코맛 죽이라니 처음에는 거부감이 들 수 있지만 한번 먹어보면 생각이 달라질 거예요!

Ingredients

- ☐ 바나나 1개
- ☐ 퀵오트밀 3스푼(25g)
- ☐ 치아씨드 1스푼
- ☐ 초코맛 프로틴파우더 1스푼(15g)
- ☐ 무가당두유 1/2컵(100ml)
- ☐ 무가당코코아파우더 1/3스푼(옵션)
- ☐ 물 1/2컵(100ml)

Topping (옵션)

- ☐ 카카오닙스 1/3스푼
- ☐ 코코넛슬라이스 약간

Recipe

❶ 바나나 2/3개를 냄비에 넣고 으깬다.
TIP 남은 바나나 1/3개는 토핑으로 활용해요.

❷ 으깬 바나나에 퀵오트밀, 치아씨드, 프로틴파우더, 코코아파우더(옵션), 두유, 물을 넣는다.

❸ 약불에 저어가며 약 3분간 끓인다.

❹ 그릇에 담고 남은 바나나와 카카오닙스, 코코넛슬라이스를 토핑한다.

더 맛있게 먹는 법 ❷의 과정에서 땅콩버터 또는 땅콩파우더를 소량 넣어주면 훨씬 더 깊고 진한 맛이 나요.

It's me Diet Recipe

단호박콩오트밀

◆

생김새와 맛이 달콤하고 고소한 콘수프를 꼭 닮은 오트밀 레시피를 소개할게요.
질감도 맛도 부드러워 소화가 잘되는 건 물론이고 풍부한 식이섬유가 변비 해소에도 도움을 줄 거예요.

Ingredients

- □ 퀵오트밀 3스푼(25g)
- □ 냉동단호박 70g 027쪽 참고
- □ 삶은 병아리콩 2스푼 026쪽 참고
- □ 무가당두유 1컵(200ml)
- □ 물 1/2컵(100ml)
- □ 슬라이스치즈 1장
- □ 알룰로스 1+1/2스푼
- □ 소금 약간

Recipe

❶ 냉동단호박을 상온에 두거나 또는 전자레인지에 돌려 해동한다. 단호박의 껍질을 제거하고 곱게 으깬다.

❷ 냄비에 으깬 단호박과 나머지 재료를 모두 넣는다.

❸ 적당히 걸쭉한 농도가 될 때까지 약불에서 저어가며 끓인다.

❹ 그릇에 옮겨 담고 따뜻할 때 먹는다.

It's me Diet Recipe

흑임자두부쉐이크

◆

고단백 식품인 두부를 바나나와 함께 냉동실에 얼려두고 다음 날 스무디를 만들어보세요.
고소한 흑임자가루 한 스푼이 더해지니 두부의 비린맛은 사라지고,
바나나의 달콤함과 두부의 담백함이 멋진 조화를 이룬 이 음료는 아침 식사로 참 좋습니다.

Ingredients

- 두부 1/2모(150g)
- 바나나 1개
- 무가당두유 3/4컵(150ml)
- 흑임자가루 1스푼
- 알룰로스 1스푼

Recipe

❶ 두부와 바나나를 적당한 크기로 자른다.

❷ 서로 붙지 않게 간격을 두고 밀폐용기에 담아 8시간 이상 냉동 보관 한다.

❸ 얼린 두부와 바나나, 두유, 흑임자가루, 알툴로스를 블렌더에 담고 곱게 갈아준다.

❹ 텀블러 또는 컵에 담아 마시되 꼭꼭 씹어 삼킨다.

It's me Diet Recipe

녹차그린스무디

◆

녹색 채소와 과일을 갈아 만드는 그린스무디의 맛이 어렵게 느껴지나요?
만약 그렇다면 고소하고 쌉싸름한 녹차맛을 더해보세요.
그린스무디와의 친밀도를 급격히 상승시켜 줄 거라 자신합니다.

Ingredients

- 케일 5장
- 사과 1/2개
- 녹차맛 프로틴파우더 1+1/2스푼(30g)
- 무가당두유 1/2컵(100ml)
- 물 1/2컵(100ml)
- 레몬즙 1스푼

Recipe

❶ 깨끗이 씻은 사과와 케일을 적당한 크기로 자른다.

❷ 블렌더에 모든 재료를 담는다.

❸ 건더기가 보이지 않을 때까지 갈아준다.

❹ 컵에 따르고 천천히 씹어가며 마신다.

더 맛있게 먹는 법 | 단맛이 부족한 사과나 프로틴파우더로 만들 때는 알룰로스 1스푼을 추가로 넣어요.

It's me Diet Recipe

적절한 양만 먹을 수 있다면 다이어트 중에 빵 섭취를 두려워할 이유는 없어요.
곁들임 재료로 단백질과 식이섬유를 충분하게 채워낸 이 파트의 레시피들은
죄책감 없이 그저 맛있게 즐기기만 하면 됩니다.
단, 한 끼 식사 또는 간식으로 섭취하기에 영양이 과잉될 수 있는 요리들은
권장 섭취 횟수를 적어두었으니 한 번에 많은 양을 먹지 않도록 주의하세요.

Part5

빵을 어떻게 끊어요? 밥 대신 먹어요!
빵순이 식단

New Recipe

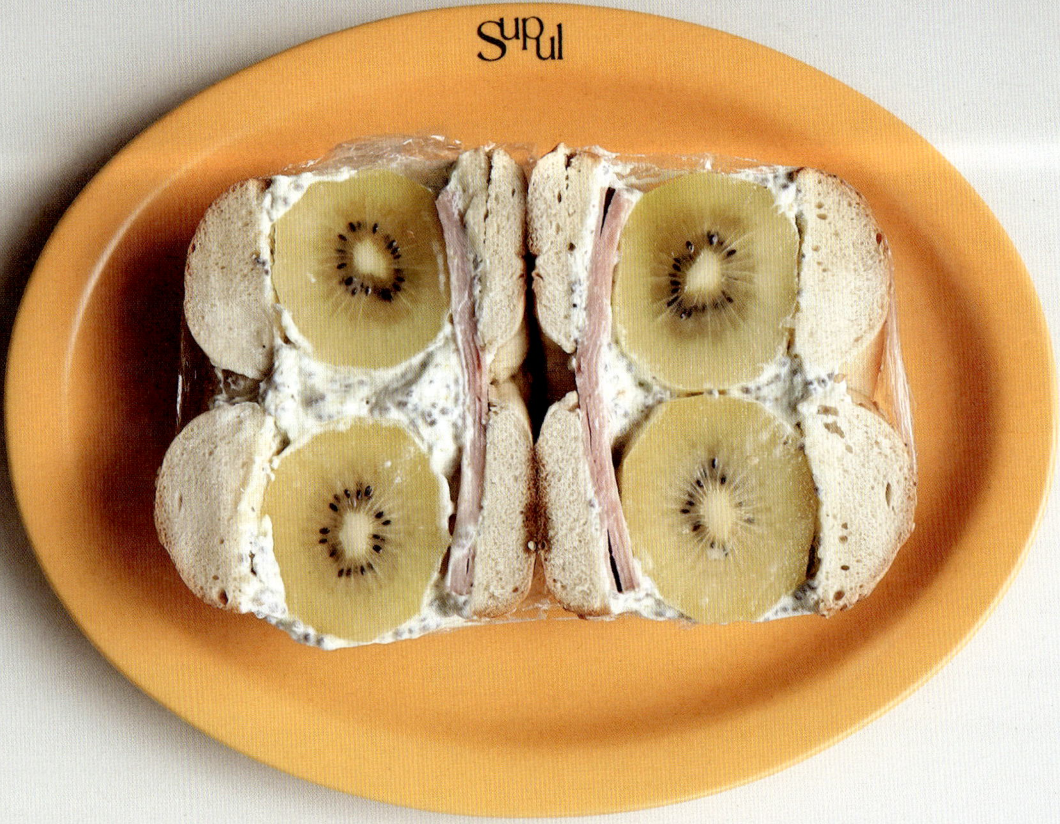

It's me Diet Recipe

키위햄샌드위치

◆

예전에 어느 카페에서 키위바질에이드를 마신 뒤 키위와 바질의 맛 조합이 참 잘 어울린다는 걸 알게 됐어요.
자칭 타칭 빵순이 다이어터인 제가 이 둘의 조합을 샌드위치에 고스란히 녹여봤습니다.
예쁘게 만든 다음 반으로 잘라 삶은 달걀 한 개 또는 두유 한 잔과 함께 2회에 나눠 드세요.

Ingredients (2회분)

- ☐ 베이글 1개
- ☐ 골드키위 2개
- ☐ 무지방그릭요거트 6스푼(150g)
- ☐ 샌드위치햄 4장
- ☐ 치아씨드 1+1/2스푼
- ☐ 바질페스토 1/2스푼
- ☐ 에리스리톨 1/2스푼

Recipe

❶ 베이글을 반으로 갈라 노릇하게 굽는다.

❷ 그릭요거트, 치아씨드, 바질페스토, 에리스리톨을 볼에 담아 섞는다. 골드키위는 껍질을 깎아둔다.

❸ 베이글 위에 ❷에서 섞은 요거트를 1스푼 펴 바른다.

TIP 요거트가 베이글과 햄 사이의 접착제 역할을 해요.

❹ 샌드위치햄 → 요거트 3스푼 → 골드키위 순으로 얹는다.

❺ 남은 요거트를 모두 얹고 베이글로 덮는다. 랩으로 포장한 뒤 냉장고에 약 30분 둔다.

❻ 반으로 자르고 2회에 나눠 먹는다.

It's me Diet Recipe

스테이크양배추샌드위치

◆

도톰한 닭가슴살스테이크와 양배추샐러드를 듬뿍 넣어 포만감이 정말 좋은 샌드위치예요.
그릭요거트를 식물성마요네즈로 대체한다면 양을 1/2로 줄이되 소금은 넣지 않아도 좋습니다.

Ingredients

- ☐ 통밀식빵 2장
- ☐ 양배추 50g
- ☐ 사과 1/3개(70g)
- ☐ 양상추 30g
- ☐ 슬라이스치즈 1장
- ☐ 닭가슴살스테이크 1개
- ☐ 무가당머스터드 2/3스푼

Sauce

- ☐ 무지방그릭요거트 1+1/2스푼
- ☐ 치아씨드 2/3스푼
- ☐ 에리스리톨 2/3스푼
- ☐ 소금 약간
- ☐ 통후추 약간

Recipe

❶ 양배추는 가늘게 채 썰고 식초 2~3방울 푼 물에 10분 이상 담갔다가 여러 번 헹궈 물기를 제거한다.

❷ 닭가슴살스테이크는 전자레인지에 따뜻하게 조리하고 사과는 양배추와 같은 굵기로 채 썬다.

❸ 볼에 소스 재료를 모두 담아 섞고 양배추와 사과를 넣어 버무려 양배추샐러드를 만든다.

TIP 소스에 절여진 양배추가 뱉어내는 수분을 치아씨드가 흡수해 줘요.

❹ 식빵 → 슬라이스치즈 → 양배추샐러드 → 스테이크 순으로 쌓아 올린다. 스테이크 위에 머스터드를 바른다.

TIP 냉동식빵은 물을 담은 그릇과 함께 전자레인지에 넣고 30~40초 조리 후 사용해요.

❺ 깨끗이 씻어서 물기를 제거한 양상추을 얹고 식빵을 덮어 포장한 뒤 반으로 자른다. 035쪽 참고

It's me Diet Recipe

초코베리팬케이크

◆

초코칩이 콕콕 박힌 쿠키처럼 생긴 이 팬케이크는 겉보기만큼이나 맛도 귀엽습니다.
시나몬파우더는 개인의 취향에 따라 제외해도 좋고,
반죽에 땅콩파우더를 소량 넣으면 감칠맛이 훨씬 더 좋아질 거예요.

Ingredients

- ☐ 퀵오트밀 5스푼(40g)
- ☐ 초코맛 프로틴파우더 1+1/2스푼(25g)
- ☐ 달걀 1개
- ☐ 냉동블루베리 2스푼
- ☐ 무가당두유 3스푼
- ☐ 에리스리톨 1/3스푼
- ☐ 베이킹파우더 1/4스푼
- ☐ 바닐라오일 약간(옵션)
- ☐ 시나몬파우더 약간(옵션)
- ☐ 소금 약간
- ☐ 올리브오일 약간

Recipe

❶ 냉동블루베리와 올리브오일을 제외한 모든 재료를 블렌더에 넣고 곱게 갈아준다.

❷ 냉동블루베리는 흐르는 물에 가볍게 헹구고 체에 밭쳐 물기를 제거한다.

❸ 올리브오일을 두르고 약불 예열한 팬에 반죽을 한 스푼씩 떠서 얹는다. 그 위에 블루베리를 3~4개씩 얹고 앞뒤로 노릇하게 굽는다.

❹ 접시에 담아 따뜻할 때 먹는다.

It's me Diet Recipe

참나물그릭치즈토스트

대파크림치즈베이글에서 영감을 얻어 참나물과 그릭요거트를 섞고 고소한 빵 위에 얹어봤어요.
샌드위치햄을 베이컨처럼 바삭하게 구워주는 게 이 요리의 키포인트입니다.

Ingredients

- ☐ 통밀호떡빵 1개(또는 베이글)
- ☐ 샌드위치햄 2장(또는 베이컨 1줄)
- ☐ 참나물 3줄기(7g)
- ☐ 양파 1/4개(50g)
- ☐ 무지방그릭요거트 2스푼(50g)
- ☐ 알룰로스 2/3스푼
- ☐ 통후추 약간

Recipe

❶ 호떡빵을 반으로 갈라 노릇하게 굽는다.

❷ 껍질을 벗긴 양파는 잘게 다지고, 깨끗하게 씻은 참나물은 한 입 크기로 자른다.

TIP 참나물의 두꺼운 줄기 부분은 잘라내고 잎 부분 위주로 사용해요.

❸ 샌드위치햄을 팬에 바삭하게 굽는다.

❹ 구운 햄을 가위로 잘라 볼에 담고 나신 양파와 참나물, 그릭요거트, 알룰로스, 통후추를 넣고 섞는다.

❺ 구운 호떡빵 위에 ❹를 얹어 완성한다.

It's me Diet Recipe

그릭올리브샌드위치

◆

그릭요거트를 좋아한다면 이 샌드위치는 꼭 한번 만들어보길 추천해요.
허브솔트와 알룰로스를 섞어 만든 요거크림을 햄, 빵과 함께 베어 물면 감탄이 절로 나올 거예요.

Ingredients

- ☐ 통밀식빵 2장
- ☐ 샌드위치햄 4장
- ☐ 청상추 5장
- ☐ 양상추 60g
- ☐ 무지방그릭요거트 3스푼(75g)
- ☐ 블랙올리브 5알
- ☐ 슬라이스치즈 1장
- ☐ 알룰로스 1스푼
- ☐ 허브솔트 약간(또는 통후추+소금)

Recipe

❶ 냉동식빵은 물을 담은 그릇과 함께 전자레인지에 넣고 30~40초 조리한다.

❷ 그릇에 올리브를 가로로 잘게 잘라 담고 그릭요거트, 알룰로스, 허브솔트를 넣고 섞어 요거크림을 만든다.

❸ 식빵 위에 요거크림과 샌드위치햄을 얹는다.

❹ 청상추와 양상추, 슬라이스치즈를 차례로 얹는다.

TIP 깨끗이 씻은 청상추와 양상추는 물기를 최대한 제거한 후 샌드위치를 만들어요.

❺ 식빵을 덮어 포장한 뒤 반으로 자른다. 035쪽 참고

It's me Diet Recipe

연어에그마요샌드위치

◆

홈메이드 샌드위치는 원하는 재료를 듬뿍 넣어 푸짐하게 만들 수 있어 좋아요.
요거크림치즈에 버무린 에그샐러드와 짭조름한 훈제연어를 촉촉한 빵에 샌드해서
크게 베어 물어 입 안 가득 넣고 맛있게 즐겨요.

Ingredients

- 통밀식빵 2장
- 훈제연어 4줄(80g)
- 양파 1/4개(50g)
- 삶은 달걀 1개 025쪽 참고
- 청상추 5장
- 양상추 60g
- 무지방그릭요거트 2스푼(50g)
- 저지방크림치즈 1/2스푼
- 레몬즙 1스푼
- 소금 약간
- 통후추 약간
- 케이퍼 5~6알(옵션)

Recipe

❶ 냉동식빵은 물을 담은 그릇과 함께 전자레인지에 넣고 30~40초 조리한다.

❷ 껍질을 벗긴 양파는 가늘게 채 썬다.

❸ 삶은 달걀을 볼에 담아 으깨고 그릭요거트, 크림치즈, 레몬즙, 소금, 통후추, 케이퍼(옵션)를 넣고 버무려 에그샐러드를 만든다.

❹ 식빵 위에 에그샐러드 → 훈제연어 → 청상추와 양상추 순으로 얹는다.

TIP 깨끗이 씻은 청상추와 양상추는 물기를 최대한 제거한 후 샌드위치를 만들어요.

❺ 식빵을 덮어 포장한 뒤 반으로 자른다. 035쪽 참고

It's me Diet Recipe

위트베리크럼블

◆

오븐 사용이나 복잡한 과정 없이 에어프라이어로 완성하는 1인분의 미니사이즈 크럼블입니다.
간식이 아닌 식사 대용으로 먹는다면 그릭요거트를 한 스쿱 얹어보세요.

Ingredients

- 위트빅스 2조각
- 냉동블루베리 3스푼
- 치아씨드 1스푼
- 에리스리톨 1/2스푼
- 레몬즙 2/3스푼
- 무지방그릭요거트 2스푼(50g, 옵션)
- 무가당땅콩버터 1/2스푼

Recipe

❶

위트빅스를 볼에 담고 손으로 가볍게 으깬다.

❷

땅콩버터를 넣고 버무린다.

TIP 냉장고에서 굳어진 땅콩버터는 전자레인지에 약 15초간 데워 부드럽게 만들어요.

❸

오븐용 도자기 그릇에 블루베리와 치아씨드, 레몬즙, 에리스리톨을 넣고 잘 섞는다.

❹

땅콩버터에 버무린 위트빅스를 ❸ 위에 얹고 스푼으로 꾹꾹 눌러가며 다진다.

❺

에어프라이어에 넣고 160도로 약 10분간 굽는다.

TIP 에어프라이어마다 열전도율이 다르므로 중간중간 상태를 확인하며 굽는 시간을 조절해요.

❻

한 김 식으면 그릭요거트(옵션)를 얹고 스푼으로 떠 먹는다.

It's me Diet Recipe

프로틴베리샌드

과일 샌드위치에는 맛의 조화를 해치는 샐러드 대신 식이섬유가 풍부한 치아씨드를 넣어보세요.
프로틴파우더로 충분한 단백질도 챙긴 이 샌드위치의 맛은 딸기가 듬뿍 올라간 초코맛 케이크를 연상케 합니다.

Ingredients (1~2회분)

- ☐ 딸기 4개
- ☐ 통밀식빵 2장

Ingredients (치아푸딩)

- ☐ 무가당코코아파우더 1/3스푼
- ☐ 초코맛 프로틴파우더 2스푼(35g)
- ☐ 그릭요거트 4스푼(100g)
- ☐ 치아씨드 2스푼(20g)
- ☐ 알룰로스 1+1/2스푼
- ☐ 무가당두유 1/4컵(50ml)
- ☐ 바닐라오일 1/3스푼

Recipe

❶

치아푸딩 재료를 모두 그릇에 담아 잘 섞고, 반나절 이상 냉장고에 넣어둔다.

TIP 만약 사용하는 프로틴파우더의 단맛이 충분하지 않다면 알룰로스의 양을 늘려도 좋아요.

❷

깨끗이 씻은 딸기는 키친타월로 가볍게 눌러 물기를 제거하고 꼭지를 딴다.

TIP 딸기 시즌이 아닐 때는 바나나 또는 체리를 넣어 만들어도 맛있어요.

❸

냉동식빵은 물을 담은 그릇과 함께 전자레인지에 넣고 30~40초 조리한다.

❹

식빵 위에 치아푸딩 한 스푼을 펴 바르고 그 위에 딸기를 얹는다.

❺

딸기 위에 남은 치아푸딩을 모두 얹는다.

❻

식빵을 덮어 포장한 뒤 반으로 자른다. 035쪽 참고

TIP 감량기엔 7:3 비율로 잘라 식사와 간식으로 2회에 나눠 먹어요.

It's me Diet Recipe

DLT샌드위치

◆

샌드위치의 가장 기본이라 할 수 있는 BLT(베이컨, 상추, 토마토)샌드위치를 조금 변형해 봤어요.
바삭하게 구운 오리고기로 베이컨을 대체하고, 향긋한 참나물을 추가했는데
참나물 대신 루꼴라 한 줌을 넣어 만들어도 맛있으니 취향에 따라 선택하세요.

Ingredients

- ☐ 통밀식빵 2장
- ☐ 훈제오리고기 1팩(150g)
- ☐ 토마토 1/3개
- ☐ 참나물 10줄기 (30g, 또는 루꼴라)
- ☐ 달걀 2개
- ☐ 슬라이스치즈 1장
- ☐ 청상추 5장
- ☐ 양상추 60g

Sauce

- ☐ 무지방그릭요거트 1스푼
- ☐ 무가당머스터드 1/4스푼
- ☐ 에리스리톨 1/2스푼

Recipe

❶ 식빵을 노릇하게 굽는다. 024쪽 참고

❷ 토마토는 5mm 두께로 슬라이스하고, 소스 재료를 볼에 담아 섞어둔다.

❸ 기름을 두르지 않은 팬에 훈제오리고기를 바삭하게 굽고 접시에 덜어둔다.

❹ 키친타월로 팬의 기름을 닦아내고 달걀프라이를 만든다.

❺ 식빵 → 소스 1/2 → 오리고기 → 토마토 → 달걀프라이 순으로 쌓아 올린다.

❻ 참나물과 청상추, 양상추를 얹고 남은 소스를 바른 식빵을 덮어 포장한 뒤, 반으로 자른다. 035쪽 참고

TIP 깨끗이 씻은 참나물, 청상추, 양상추는 물기를 최대한 제거한 후 샌드위치를 만들어요. 특히 참나물은 두꺼운 줄기 부분을 잘라내고 잎 부분을 주로 사용해요.

It's me Diet Recipe

단호박잼샌드위치

◆

삶은 달걀과 단호박을 으깨고 그릭요거트에 버무려 단호박무스를 만들었어요.
폭신하고 부드러운 식빵에 달콤한 블루베리잼을 바르고 속을 가득 채워 넣은 이 샌드위치는
감량기엔 7:3 비율로 잘라 식사와 간식으로 두 번에 나눠 드세요.

Ingredients (1~2회분)

- ☐ 통밀식빵 2장
- ☐ 슬라이스치즈 1장
- ☐ 냉동단호박 110g 027쪽 참고
- ☐ 치아베리잼 1스푼(또는 저당잼) 288쪽 참고
- ☐ 삶은 달걀 2개 025쪽 참고
- ☐ 무지방그릭요거트 2스푼
- ☐ 에리스리톨 2/3스푼
- ☐ 소금 약간

Recipe

❶ 냉동단호박은 상온에 두거나 전자레인지에 해동하고 삶은 달걀과 함께 볼에 담아 으깬다.

❷ 그릭요거트, 에리스리톨, 소금을 넣고 버무려 단호박 무스를 만든다.

TIP 버무린 후 맛을 보고 원하는 단맛 정도에 따라 에리스리톨을 가감해요.

❸ 식빵 위에 슬라이즈치즈를 얹고 치아베리잼을 바른다.

TIP 냉동식빵은 물을 담은 그릇과 함께 전자레인지에 넣고 30~40초 조리 후 사용해요.

❹ 단호박무스를 얹는다.

❺ 식빵을 덮어 포장한 뒤 반으로 자른다. 035쪽 참고

TIP 감량기엔 7:3 비율로 잘라 식사와 간식으로 2회에 나눠 먹어요.

더 맛있게 먹는 법 단호박무스를 같은 방법으로 만들어 샐러드에 곁들여 먹어도 참 맛있어요.

New Recipe

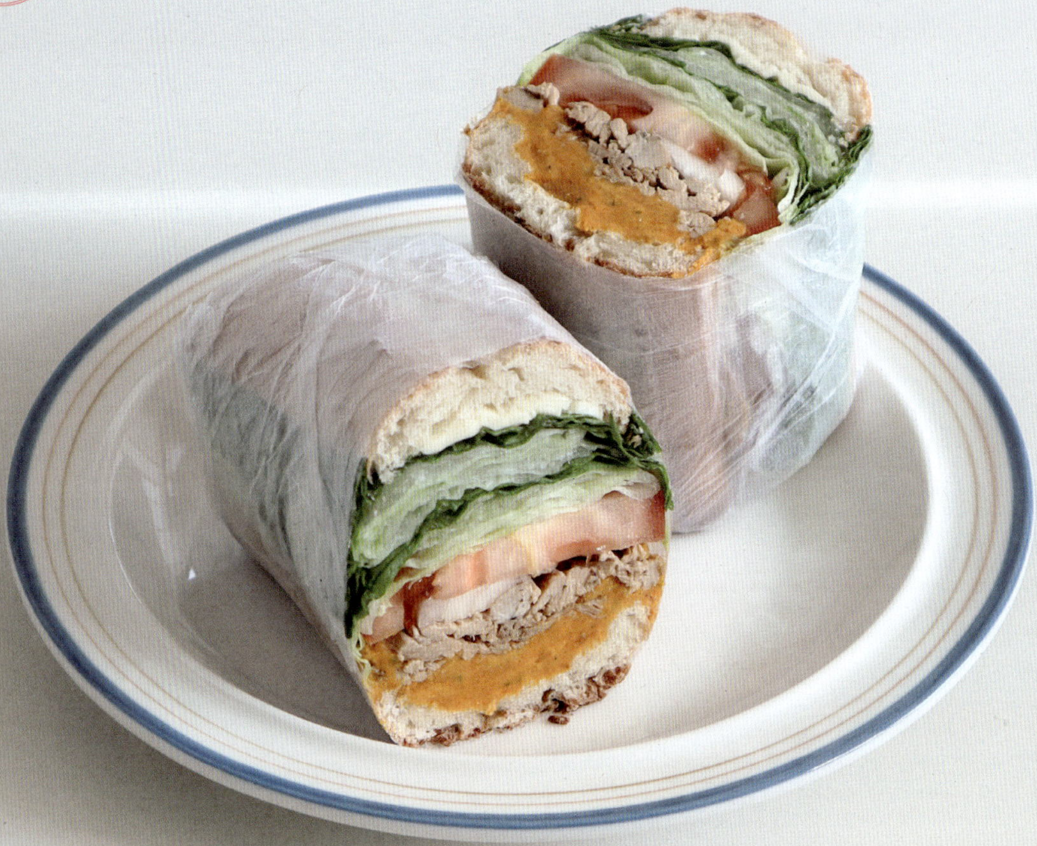

It's me Diet Recipe

단호한불고기샌드위치

불고기맛 양념에 버무린 닭가슴살을 살짝 태우듯 충분히 볶아주는 게 포인트인 이 샌드위치는
정말 맛있고 포만감이 훌륭하지만 다이어트 중에 하나를 다 먹기엔 탄수 함량이 조금 높아요.
감량기에는 7:3 비율로 잘라 식사와 간식으로 두 번에 나눠 드세요.

Ingredients (1~2회분)

- ☐ 치아바타 1개
- ☐ 냉동단호박 110g 027쪽 참고
- ☐ 완조리닭가슴살 1개
- ☐ 무지방그릭요거트 1스푼(25g)
- ☐ 양파 1/4개(50g)
- ☐ 토마토 1/3개
- ☐ 슬라이스치즈 1장
- ☐ 청상추 5장
- ☐ 양상추 60g
- ☐ 에리스리톨 1/2스푼
- ☐ 레몬즙 2/3스푼

Sauce

- ☐ 진간장 1+1/2스푼
- ☐ 맛술 1스푼
- ☐ 다진 마늘 1/2스푼
- ☐ 에리스리톨 1/3스푼
- ☐ 올리브오일 1스푼

Recipe

❶ 치아바타를 반으로 갈라 바삭하게 굽는다.

❷ 양파는 얇게 채 썰고, 토마토는 1cm 두께로 슬라이스 한다.

❸ 단호박을 볼에 담아 으깨고 그릭요거트, 에리스리톨, 레몬즙을 넣어 버무린다. 또 다른 볼에 닭가슴살을 찢어 넣고 양념 재료를 모두 넣어 버무린다.

TIP 단호박은 상온 또는 전자레인지에 해동 후 사용해요.

❹ 팬에 버무린 닭가슴살을 넣고 수분이 전부 졸아들 때까지 중약불에 볶는다.

❺ 치아바타 → 슬라이스치즈 → 버무린 단호박 → 볶은 닭가슴살 → 채 썬 양파 순으로 얹는다.

❻ 토마토와 물기를 제거한 양상추, 청상추를 얹고 남은 치아바타 반쪽을 덮은 뒤 랩으로 포장한다.

TIP 치아바타는 가로 길이가 길고 굴곡이 많으니 종이호일 보다 랩으로 감싸는 걸 추천해요.

It's me Diet Recipe

바나나브라우니

◆

버터 풍미가 가득하진 않아도 초코향이 진하게 나고 많이 달지 않아 오히려 끌리는 맛의 브라우니에요.
꾸덕한 그릭요거트나 아이스크림과 곁들여 커피 또는 차와 함께 먹어요.

Ingredients (3~4회분)

- ☐ 바나나 2개
- ☐ 달걀 2개
- ☐ 초코맛 프로틴파우더 4스푼(50g)
- ☐ 무가당코코아파우더 1스푼
- ☐ 아몬드 2/3컵(70g, 또는 아몬드가루)
- ☐ 무지방그릭요거트 1/3컵
- ☐ 바닐라오일 2/3스푼
- ☐ 시나몬파우더 1/4스푼
- ☐ 베이킹파우더 1/4스푼
- ☐ 소금 1꼬집

Recipe

❶ 바나나를 볼에 담아 으깬다.

TIP 검은 점이 충분히 생긴 바나나로 만들어야 맛있어요.

❷ 아몬드를 블렌더에 넣고 곱게 갈아준다.

TIP 아몬드가루를 사용할 때는 이 과정을 생략해요.

❸ 으깬 바나나와 곱게 간 아몬드, 나머지 재료를 모두 넣고 잘 섞는다.

❹ 에어프라이어 사용이 가능한 용기에 종이호일을 깔고 반죽을 모두 붓는다. 기포가 빠져나올 수 있도록 바닥에 4~5번 내리친다.

❺ 에어프라이어에 170도 25분 조리하되, 윗부분이 타지 않도록 굽기 정도를 보며 시간을 조절한다.

TIP 가볍게 흔들었을 때 반죽의 출렁거림이 사라지면 다 구워진 거예요. 얇고 넓은 그릇에 담아 구울 때는 굽는 시간을 20분 이하로 줄여도 충분해요.

❻ 충분히 식힌 뒤 적당하게 자르고 커피나 차와 함께 먹는다. 나머지는 냉동실에 보관하고 상온 해동 후 먹는다.

TIP 살짝 언 상태의 브라우니를 잘라서 요거트볼에 그래놀라 대신 토핑하는 것도 추천해요.

It's me Diet Recipe

바질그릭애플샌드

♦

사과와 루꼴라로 샌드위치를 만들 때는 흔히 한 가지 이상의 치즈를 함께 넣어요.
하지만 여기엔 치즈보다 담백하고 단백질이 많은 바질요거트가 들어 있습니다.
향긋하고 짭조름한 바질페스토와 달콤한 사과가 만나니 단짠이 조화롭고 중독성 있는 맛이에요.

Ingredients

- 통밀식빵 2장
- 사과 1/2개
- 루꼴라 2줌(20g)
- 달걀 2개
- 샌드위치햄 2장
- 무지방그릭요거트 2스푼(50g)
- 바질페스토 1/2스푼
- 통후추 약간
- 올리브오일 약간

Recipe

❶ 루꼴라는 흐르는 물에 가볍게 헹궈 체에 밭쳐두고, 씻은 사과는 얇게 슬라이스한다.

❷ 올리브오일을 두른 팬에 달걀프라이를 만들고 샌드위치햄을 굽는다.

❸ 그릭요거트, 바질페스토, 통후추를 섞어 바질요거트를 만든다.

TIP 사과의 당도가 충분하지 않다면 이 과정에서 알룰로스 1스푼을 추가로 넣어요.

❹ 종이호일 위에 식빵 → 샌드위치햄 → 달걀프라이 순으로 얹는다.

TIP 냉동식빵은 물을 담은 그릇과 함께 전자레인지에 넣고 30~40초 조리 후 사용해요.

❺ ❹ 위에 바질요거트 → 사과 → 루꼴라 순으로 쌓아 올린다.

❻ 식빵을 덮어 포장한 뒤 반으로 자른다. 035쪽 참고

It's me Diet Recipe

스크램블식빵토스트

◆

다이어트 중에 피자를 먹고 싶은 날, 부담스럽지 않게 즐기기 좋은 메뉴예요.
여러 가지 복잡한 재료를 생략하고 고기 대신 병아리콩을 넣어 담백하게 만들었지만
시판 토마토소스와 파마산치즈가루의 풍미 덕분에 충분히 맛있어요.

Ingredients

- 통밀식빵 1장
- 삶은 병아리콩 1/2컵(80g) 026쪽 참고
- 토마토파스타소스 2스푼
- 루꼴라 1줌
- 슈레드피자치즈 1스푼
- 올리브오일 약간
- 파마산치즈가루 1/2스푼(옵션)

Recipe

❶

루꼴라는 흐르는 물에 헹궈 체에 받쳐둔다.

❷

식빵을 9등분으로 자른다.

❸

팬에 올리브오일을 두르고 중약불에서 병아리콩과 식빵의 겉면을 노릇하게 굽는다.

TIP 냉동 상태의 병아리콩은 상온 또는 전자레인지에 해동 후 조리해요.

❹

팬에 토마토파스타소스와 루꼴라를 넣고 골고루 버무린다.

TIP 가장 약불에서 빠르게 진행해요.

❺

피자치즈를 흩뿌리고 뚜껑을 덮어 녹인다.

TIP 밑부분이 쉽게 탈 수 있으니 불 앞을 떠나지 않도록 해요.

❻

기호에 따라 파마산치즈가루(옵션)를 추가해 먹는다.

TIP 파마산치즈가루를 뿌리지 않는다면 ❺의 과정에서 피자치즈의 양을 조금 늘려 넣어요.

It's me Diet Recipe

바나나피넛크림토스트

◆

땅콩버터보다 지방은 적고 단백질과 영양이 풍부해 다이어트에 도움이 되는 땅콩파우더를
그릭요거트, 알룰로스와 섞어 달콤한 피넛크림을 만들어보세요.
바삭하게 구운 베이글 위에 피넛크림을 얹어 한 입 베어 무는 순간 피로가 싹 사라질 거예요.

Ingredients

- 통밀베이글 1/2개
- 바나나 2/3개
- 무지방그릭요거트 2스푼(50g)
- 무가당땅콩파우더 1스푼
- 알룰로스 1스푼
- 시나몬파우더 약간(옵션)
- 파슬리 약간(옵션)

Recipe

베이글을 노릇하게 굽는다.

볼에 그릭요거트와 땅콩파우더, 알룰로스를 넣고 섞어 피넛크림을 만든다.

구운 베이글 위에 피넛크림을 올리고 바나나를 잘라 얹는다. 시나몬파우더(옵션)와 파슬리(옵션)를 뿌려 완성한다.

It's me Diet Recipe

단호박블루베리머핀

◆

단호박을 으깨 넣은 반죽에 달콤한 블루베리잼 한 스푼을 넣어 구우니
모양과 맛 모두 훌륭한 홈메이드 머핀이 탄생했어요.
많이 달지 않도록 담백하게 만들었으니 대체당의 첨가량은 취향껏 유연하게 조절해도 괜찮아요.

Ingredients

- ☐ 냉동단호박 80g 027쪽 참고
- ☐ 통밀가루 50g(또는 간 오트밀)
- ☐ 달걀 1개
- ☐ 무지방그릭요거트 1스푼
- ☐ 저지방크림치즈 1스푼
- ☐ 에리스리톨 1스푼(10g)
- ☐ 베이킹파우더 1/4스푼
- ☐ 치아베리잼 2스푼 (또는 저당잼) 288쪽 참고
- ☐ 소금 약간
- ☐ 바닐라오일 1/3스푼(옵션)

Recipe

냉동단호박을 상온에 두거나 전자레인지에 돌려 해동한다. 껍질을 제거하고 곱게 으깨둔다.

그릭요거트, 크림치즈, 에리스리톨을 볼에 담고 크림처럼 부드러워질 때까지 저어가며 섞는다. 충분히 부드러워지면 달걀, 바닐라오일(옵션)을 넣고 섞는다.

으깬 단호박, 통밀가루, 베이킹파우더, 소금을 넣고 잘 섞어 반죽을 만든다.

오븐 사용이 가능한 용기에 종이호일 또는 베이킹 컵을 넣고 반죽을 절반씩 나눠 담는다.

TIP 여기에서는 지름 9cm의 램킨볼을 사용했어요.

가운데 부분을 스푼으로 눌러 오목하게 만들고 잼을 넣는다.

토스터 또는 에어프라이어에 넣고 170도에서 20~25분 굽는다.

TIP 에어프라이어나 토스터의 열전도율에 따라 굽는 시간을 조절하고 윗면이 타지 않도록 중간중간 상태를 확인해요. 젓가락으로 찔러보아 반죽이 거의 묻어나지 않으면 된 거예요.

It's me Diet Recipe

끼니 사이에 적절한 포만감을 유지하면 과식과 폭식을 방지해 다이어트에 도움이 돼요.
식후 티타임에 달콤한 씹을 거리를 꾸준히 찾게 된다면
당과 포화지방 함량이 높은 과자를 멀리하고 직접 만든 간식으로 허기를 달래보세요.
시간 여유가 있는 주말에 만들어 냉장고에 두둑이 채워두면 일주일이 든든해요.

Part6

입이 심심할 때 참지 말아요!
건강 간식

New Recipe

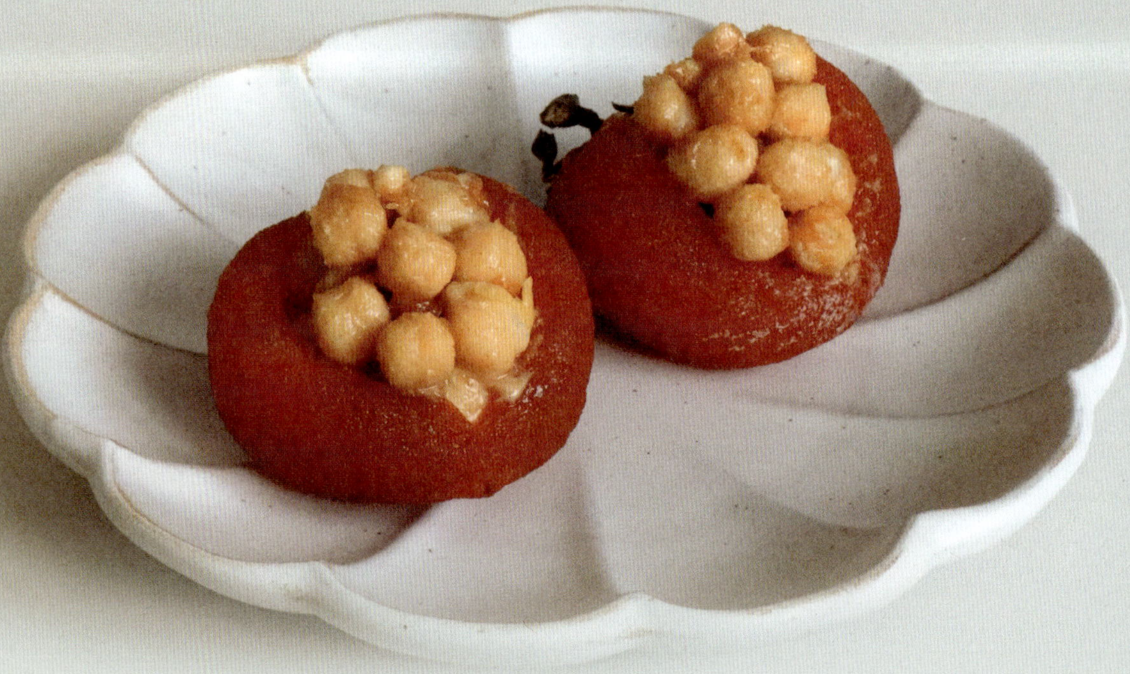

It's me Diet Recipe

곶감주머니

명절 이후 냉동실에 남은 곶감을 꺼내 땅콩버터에 버무린 병아리콩과 함께 먹어요.
고소함과 단맛, 짠맛이 조화를 이루는 이 간식은
두유 한 잔 또는 삶은 달걀과 함께 먹으면 아침 식사를 대체하기에도 충분합니다.

Ingredients

- ☐ 반건시곶감 2개
- ☐ 삶은 병아리콩 2스푼 026쪽 참고
- ☐ 무가당땅콩버터 1/2스푼

Recipe

❶ 냉동 상태의 병아리콩은 전자레인지 또는 상온에서 충분히 해동한다.

❷ 해동한 병아리콩과 땅콩버터를 잘 섞는다.
TIP 소금이 첨가되지 않은 땅콩버터로 만든다면 이 과정에서 약간의 소금을 넣어요.

❸ 상온 해동한 곶감의 정중앙에 칼집을 넣고 양쪽으로 벌려 병아리콩이 들어갈 공간을 만든다.

❹ 곶감의 속을 땅콩버터에 버무린 병아리콩으로 채운다.

It's me Diet Recipe

휴게소병아리콩

◆

어디론가 훌쩍 떠나고 싶던 날,
휴게소에 들르면 꼭 먹는 음식인 알감자버터구이를 떠올리며 만들었어요.
한가한 주말 오후, 영화나 드라마를 보며 팝콘 대신 먹어도 좋을 맛입니다.

Ingredients

- ☐ 삶은 병아리콩 1컵 026쪽
- ☐ 무염버터 1/4스푼(5g)
- ☐ 에리스리톨 1스푼
- ☐ 파마산치즈가루 1/2스푼
- ☐ 소금 약간
- ☐ 파슬리 약간

Recipe

❶ 약불로 예열한 팬에 버터를 녹이고 병아리콩 표면이 노릇해질 때까지 볶다가, 소금을 넣고 뒤적인다.

❷ 불을 끄고 에리스리톨을 뿌린 후 골고루 섞이도록 버무린다.

❸ 접시에 옮겨 담고 파마산치즈가루와 파슬리를 뿌려 완성한다.

It's me Diet Recipe

흑임자쫀떡

◆

상큼한 딸기를 감싼 라이스페이퍼에 쌉싸름한 흑임자고물을 묻혀 과일떡을 만들었어요.
고소한 크림치즈 덕분에 케이크와 떡 그 사이 어디쯤의 디저트를 먹는 기분을 느낄 수 있습니다.

Ingredients

- 딸기 4개
- 현미라이스페이퍼 4장
- 흑임자가루 2스푼(20g)
- 저지방크림치즈 1스푼

Recipe

❶ 딸기는 꼭지를 제거하고 흐르는 물에 씻은 다음 키친타월로 가볍게 눌러가며 물기를 제거한다.

❷ 접시 가운데에 흑임자가루를 1/2스푼 얹고, 그 위에 물에 적신 라이스페이퍼를 올린다.

❸ 라이스페이퍼 가운데에 크림치즈 1/4스푼을 펴 바르고 딸기를 얹는다.

❹ 라이스페이퍼로 딸기를 감싼다.

❺ ❷~❹의 과정을 똑같이 세 번 더 반복한다.

It's me Diet Recipe

저탄수땅콩쿠키

◆

밀가루 없이 다섯 가지 재료를 넣어 만든 고소한 맛의 땅콩쿠키예요.
탄수화물은 적지만 지방 함량을 무시할 수 없으니 한 번에 다 먹지 않도록 주의하고
끼니 사이 출출할 때 한두 개씩 꺼내 커피나 차와 함께 먹어요.

Ingredients (4~6회분)

- ☐ 무가당땅콩버터 120g
- ☐ 무가당땅콩파우더 45g
- ☐ 에리스리톨 50g
- ☐ 달걀 1개
- ☐ 소금 약간

Recipe

❶

땅콩버터와 땅콩파우더를 볼에 넣고 잘 섞는다.

❷

❶에 에리스리톨, 달걀, 소금을 넣고 잘 섞는다.

TIP 섞은 후 반죽을 조금 떼어 맛보고 소금을 조금씩 추가해요. 쿠키 반죽이 잘 섞이면 사진과 같은 질감이에요.

❸

손에 비닐장갑을 끼고 반죽을 6등분으로 나눠 동그랗게 빚은 다음 포크로 납작하게 눌러 모양을 만든다.

❹

에어프라이어에 겹치지 않게 놓고, 170도에서 8~9분 굽는다.

TIP 에어프라이어마다 열전도율이 다르므로 중간중간 상태를 확인하며 굽는 시간을 조절해요.

❺

한 김 식힌 후 커피나 차와 함께 먹는다. 나머지는 냉동실에 보관하고 상온 해동 후 먹는다.

| 이 제품을 사용했어요 |

땅콩버터를 고를 때는 팜유와 설탕, 기타 등등의 첨가물이 들어 있지 않은 것을 고르는 게 중요해요.
이 책에서는 땅콩과 소량의 소금만을 넣어 만든 무가당땅콩버터와 파우더를 사용했어요.

It's me Diet Recipe

호두정과

◆

설탕과 조청에 버무려 만드는 호두정과를 여기서는 조금 가볍게 만들어봤어요.
끼니 사이 달콤한 디저트나 식감 좋은 씹을 거리가 생각날 때 조금씩 꺼내 드세요.

Ingredients

- ☐ 호두 3컵(220g)
- ☐ 알룰로스 1/6컵(30g)
- ☐ 에리스리톨 2+1/2스푼(30g)

Recipe

❶

약불로 예열한 팬에 호두를 볶아가며 수분을 날린다.

❷

볶은 호두는 잠시 덜어두고, 알룰로스와 에리스리톨을 팬에 넣은 다음 기포가 올라오면서 옅은 갈색빛이 될 때까지 끓인다.

TIP 이 과정은 너무 약하지도, 세지도 않은 중불에서 진행해요.

❸

끓인 재료가 처음 높이보다 졸아들면 불을 끄고, 볶은 호두를 넣어 버무린다.

❹

종이호일 위에 버무린 호두를 펼쳐 얹고 에어프라이어에 170도 2~4분간 굽는다.

TIP 이때 1분마다 열어 상태를 확인하고, 겉면이 검게 타지 않을 정도만 구워요.

❺

넓은 접시에 펼쳐 얹고 충분히 식힌다.

TIP 완전히 식힌 후 냉장고에 넣어야 바삭함을 오래 유지해요.

❻

밀폐용기에 담아 냉장 보관 하고, 완전히 굳어진 후에 조금씩 꺼내 먹는다.

It's me Diet Recipe

위트빅스요거트바

◆

요거트와 과일을 얼려 만드는 건강한 아이스크림을
손에 묻히지 않고 더 맛있게 먹는 방법이 없을지를 고민한 끝에 만들게 된 레시피예요.
시리얼의 과자 같은 식감 덕분에 제대로 된 속세 디저트를 먹는 듯 만족스러워요.

Ingredients (4회분)

- 위트빅스 8조각
- 무지방그릭요거트 6스푼(150g)
- 냉동블루베리 3스푼
- 치아베리잼 2스푼(또는 저당잼) 288쪽 참고

Recipe

❶ 그릭요거트, 블루베리, 치아베리잼을 볼에 담고 섞는다.

TIP 냉동블루베리는 흐르는 물에 가볍게 헹구고 체에 밭쳐 물기를 제거한 뒤 사용해요.

❷ 네모반듯한 용기에 랩 또는 종이호일을 깔고 그 위에 위트빅스 4조각을 줄지어 얹는다.

❸ 위트빅스 위에 ❶에서 섞어둔 재료를 펼쳐 얹는다.

❹ 그 위에 다시 위트빅스 4조각을 얹고 손으로 가볍게 눌러 접착시킨다. 냉동실에 3시간 둔다.

❺ 칼로 잘라 4등분한다. 서로 겹치지 않게 놓아 냉동 보관 해두고 하나씩 꺼내 먹는다.

It's me Diet Recipe

병아리콩에너지바

◆

운동 전에 빠르고 간단하게 에너지를 얻고 싶을 때, 커피를 마시며 달콤한 초코과자가 당길 때,
쫀득한 카라멜을 떠올리게 하는 이 에너지바를 하나씩 꺼내 드세요.
냉동실에 얼려 단단해진 병아리콩을 천천히 씹어 음미하면서 먹으면 허기가 달래지고 힘이 납니다.

Ingredients (6~8회분)

- ☐ 병아리콩 1+1/2컵
- ☐ 아몬드 1/2컵
- ☐ 초코맛 단백질파우더 4스푼(50g)
- ☐ 무가당코코아파우더 2/3스푼
- ☐ 무가당땅콩버터 1스푼
- ☐ 무가당두유 3스푼
- ☐ 알룰로스 1스푼
- ☐ 소금 약간

Recipe

❶ 아몬드를 도마 위에 얹고 칼로 잘게 다진다.

❷ 팬에 병아리콩과 다진 아몬드를 얹고 수분을 날려가며 중약불에 볶는다.

TIP 병아리콩 표면이 살짝 노릇해질 때까지 볶되 아몬드가 타지 않도록 불 조절에 유의해요.

❸ 단백질파우더, 코코아파우더, 땅콩버터, 두유, 알룰로스, 소금을 볼에 담아 섞는다.

TIP 냉장 보관으로 굳어진 땅콩버터는 전자레인지에 약 30~40초 녹인 후 사용해요.

❹ 볶은 병아리콩과 아몬드를 불 위에서 내린 다음 ❸에서 섞은 재료를 넣고 버무린다.

TIP 이 과정에서는 절대 가열하지 않아요.

❺ 접시 또는 트레이에 랩이나 종이호일을 깔고 그 위에 꾹꾹 눌러가며 넓게 펼친다. 냉동실에 3시간 둔다.

TIP 냉동 후에는 단단하면서 쫀득한 질감이에요.

❻ 냉동실에서 꺼내 1회분 크기로 자른 뒤 서로 달라붙지 않도록 간격을 띄우거나 종이호일을 덧대어 냉동 보관 해두고 하나씩 꺼내 먹는다.

It's me Diet Recipe

커피프라페

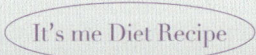

지친 오후에 커피 한 잔과 달달한 디저트가 당긴다면 이 음료를 만들어보세요.
차가운 프라페 위에 얹은 시리얼이 비교적 오래도록 바삭함을 유지해 더 맛있게 즐길 수 있어요.

Ingredients

- 위트빅스 2조각
- 얼음 1컵
- 바닐라맛 저당아이스크림 3스푼
- 에스프레소 1샷(또는 약 25ml 물에 녹인 인스턴트커피)

Recipe

❶ 위트빅스를 제외한 모든 재료를 블렌더에 넣는다.

❷ 약 20초간 블렌딩한다.

TIP 셔벗 정도의 질감이 되면 멈춰요.

❸ ❷를 컵에 담고, 위트빅스를 가볍게 부숴 넣는다. 스푼으로 떠서 먹는다.

It's me Diet Recipe

일부 요리들의 조리 시간을 줄이기 위해 미리 만들어두면 좋은 저장 음식을 따로 분류했어요.
바삭하게 구운 식빵에 쓱쓱 발라 먹는 달콤한 잼과 고소하고 걸쭉한 콩물,
요거트볼에 넣어 먹거나 간식으로 즐기기 좋은 약과도 있어요.
이들 세 가지는 책에 담긴 레시피 외에도 여러분의 식단에 다양하게 활용해 보세요.

Plus recipe

◆

미리 만들어두고
다양하게 활용하기

It's me Diet Recipe

치아베리잼

◆

냉동블루베리와 치아씨드를 섞고 전자레인지에 조리해서 잼을 만든 다음
달콤한 맛이 필요한 샌드위치나 오트밀, 요거트 등에 넣어 드세요.
입 안에서 톡톡 터지는 블루베리와 치아씨드의 식감이 정말 재미있고 맛있습니다.

Ingredients

- ☐ 냉동블루베리 3컵
- ☐ 치아씨드 2스푼
- ☐ 에리스리톨 1스푼
- ☐ 알룰로스 3스푼
- ☐ 레몬즙 1스푼

Recipe

❶ 깊고 넓은 그릇에 블루베리를 담고 전자레인지에 1분간 조리한 후 절반 정도 으깨준다.

TIP 깊이가 충분치 않은 그릇에 조리하면 전자레인지 안에서 끓어 넘칠 수 있으니 주의해요.

❷ 으깬 블루베리에 치아씨드와 에리스리톨, 알룰로스, 레몬즙을 넣고 잘 섞는다.

TIP 원하는 단맛 정도에 따라 에리스리톨을 가감해요.

❸ 재료들이 고루 섞이면 전자레인지에 1분씩 끓여 총 4분간 조리한다.

TIP 한 번에 조리하면 끓어 넘칠 수 있으니 꼭 중간 상태를 확인하며 조리해요.

❹ 한 김 식힌 후, 열탕 소독한 밀폐용기에 담아 냉장 보관 하고 2주 내로 소진한다.

TIP 조금 더 오래 두고 먹으려면 전자레인지가 아닌 냄비에 끓여서 만들도록 해요.

It's me Diet Recipe

위트빅스약과

♦

SNS에서 약과가 한참 유행하던 시절,
통밀시리얼과 깨를 버무리고 볶아서 만든 저만의 약과 레시피가 생겨났어요.
두둑이 만들어 냉장고에 넣어두고 그릭요거트 또는 차와 함께 즐겨보세요.

Ingredients (6~8회분)

- ☐ 통깨 1/2컵(50g)
- ☐ 위트빅스 4조각
- ☐ 알룰로스 1/4컵(50ml)
- ☐ 에리스리톨 2스푼(30g)
- ☐ 물 1/4컵(50ml)

Recipe

❶ 마른 팬에 통깨를 넣고 약불에 볶으면서 수분을 날린 다음 그릇에 잠시 덜어둔다.

❷ 팬에 알룰로스와 에리스리톨을 넣은 후 젓지 않고 거품이 올라올 때까지 기다린다.

TIP 이때 중불로 조리하고, 사진처럼 굵직한 거품이 올라오며 끓을 때까지 기다려요.

❸ 팬에 위트빅스를 잘게 부숴 넣고 볶은 통깨를 넣어 버무린다.

❹ 넓은 접시에 펼쳐 담고 온기가 사라질 때까지 충분히 식힌다.

❺ 먹기 좋은 적당한 크기로 떼어낸다.

TIP 완전히 식은 약과는 밀폐용기에 담아 냉장 보관 해요.

| 더 맛있게 먹는 법 |

꾸덕한 그릭요거트에 그래놀라 대신 이 약과를 토핑해 보세요. (052쪽 약과요거트볼 참고)

It's me Diet Recipe

병아리콩물

♦

병아리콩을 두유와 함께 갈아 만든 콩물은 끼니 사이에 간식으로 먹거나 여러 요리에 활용할 수 있어요.
단, 쉽게 상할 수 있으니 최대 3회분을 넘기지 않게 만들어 빠른 시일 내에 소진하도록 하세요.

Ingredients (3회분)

- ☐ 삶은 병아리콩 3컵 026쪽 참고
- ☐ 무가당두유 3컵(600ml)
- ☐ 소금 1꼬집

Recipe

❶ 삶아서 냉동해 둔 병아리콩을 상온 해동한다.

TIP 갓 삶았거나 냉장 상태의 병아리콩으로 만들 때는 이 과정을 생략해요.

❷ 모든 재료를 블렌더에 담는다.

❸ 큰 덩어리가 사라질 때까지 곱게 갈아준다.

❹ 밀폐용기에 담아 냉장 보관 하고 3~5일 내에 소진한다.

Index

◆ 가나다순

ㄱ

간장미역비빔밥 • 206
고단백바나나토스트 • 058
고등어깻잎김밥 • 134
고사리깻잎김밥 • 120
고사리깻잎볶음밥 • 126
고사리닭곰탕 • 098
고사리두부김치 • 220
고사리범벅 • 204
곶감주머니 • 270
굿모닝위트빅스 • 046
그릭올리브샌드위치 • 244
꿀마토닭스테이크 • 166

ㄴ

낫또므라이스 • 102
낫또에그롤 • 074
녹차그린스무디 • 232
누들컵닭개장 • 138

ㄷ

단호박로제리조또 • 174
단호박블루베리머핀 • 266
단호박요거트스무디 • 088
단호박잼샌드위치 • 254
단호박콜드수프 • 192
단호박콩오트밀 • 228
단호한불고기샌드위치 • 256
달걀된장오트죽 • 194
닭가슴살된장짜글이 • 124

닭가슴살퀘사디아 • 048
두부면냉모밀 • 216
두유프렌치토스트 • 158
딸기바나나오트밀 • 066
땅콩오트밀와플 • 176
뚝배기바지락버섯밥 • 142

ㅂ

바나나브라우니 • 258
바나나프렌치토스트 • 054
바나나피넛크림토스트 • 264
바지락미역죽 • 128
바지락콩탕 • 212
바질그릭애플샌드 • 260
바질어니언그릭샌드 • 168
바질크림수제비 • 156
바질토마토팬케이크 • 064
바질페스토요거볼 • 068
바질페스토참치김밥 • 114
배추버섯만두전골 • 144
베리피넛토스트 • 044
베지그릴샌드위치 • 160
병아리콩물 • 292
병아리콩수프볼 • 200
병아리콩스무디볼 • 062
병아리콩에너지바 • 282
병아리콩오이국수 • 218
병아리콩치즈스틱 • 180
블루베리오트밀크레페 • 164

ㅅ

소시지만두볶음 • 154
소시지캘리포니아롤 • 100
수란오이덮밥 • 076
수제비미역국 • 222

수프맛오트리조또 • 146
스크램블식빵토스트 • 262
스테이크깻잎볶이 • 078
스테이크양배추샌드위치 • 238
시나몬두유라떼 • 188

ㅇ

아보카도불닭덮밥 • 140
아보크림콜드파스타 • 110
애호박오믈렛 • 208
약과요거트볼 • 290
양배추김나물밥 • 136
양배추냉만두 • 072
양배추어묵말이 • 210
양배추짜장수제비 • 084
에그인바질페스타 • 116
연어에그마요샌드위치 • 246
오리에그리조또 • 132
요거마요치킨샐러드 • 202
원팬콩물파스타 • 148
위트베리크럼블 • 248
위트빅스약과 • 290
위트빅스요거트바 • 280
유부낫또김밥 • 104
유부묵비빔밥 • 108
이밥에무순일이새우 • 122
임자있는보틀샐러드 • 196

ㅈ

저탄수땅콩쿠키 • 276
전자레인지사골만둣국 • 086
즉석버섯밥 • 070

ㅊ

참나물게맛살전 • 112

참나물과카몰리토스트 · 056
참나물그릭치즈토스트 · 242
참나물두부무침밥 · 224
참나물오리비빔밥 · 080
참치말이차밥 · 106
초코베리팬케이크 · 240
초콜렛프렌치토스트 · 170
치아베리에이드 · 186
치아베리잼 · 288
치아씨드스무디 · 094

ㅋ
커피프라페 · 284
컵만두오므라이스 · 082
콩불타코 · 162
콩치즈에그슬럿 · 050
크리미에그토스트 · 060
크림맛깻잎리조또 · 198
크림새우만두 · 150
키위햄샌드위치 · 236

ㅌ
토마토액젓파스타 · 178

ㅍ
파스타유부초밥 · 118
파절이야채전 · 214
팽이간장오므라이스 · 130
프로틴베리샌드 · 250
프로틴오트포리지 · 226
프로틴웜볼 · 092
프로틴초코팬케이크 · 182

ㅎ
호두정과 · 278

홀리몰리토스트 · 172
휴게소병아리콩 · 272
흑임자두부쉐이크 · 230
흑임자두유슈페너 · 184
흑임자요거트볼 · 090
흑임자쫀떡 · 274

알파벳
DLT샌드위치 · 252

◆ 재료별

현미밥
간장미역비빔밥 · 206
고등어깻잎김밥 · 134
고사리깻잎김밥 · 120
고사리깻잎볶음밥 · 126
고사리닭곰탕 · 098
낫또므라이스 · 102
낫또에그롤 · 074
단호박로제리조또 · 174
뚝배기바지락버섯밥 · 142
바질페스토참치김밥 · 114
소시지캘리포니아롤 · 100
수란오이덮밥 · 076
아보카도불닭덮밥 · 140
양배추김나물밥 · 136
오리에그리조또 · 132
유부낫또김밥 · 104
유부묵비빔밥 · 108
이밥에무순일이새우 · 122
즉석버섯밥 · 070
참나물두부무침밥 · 224
참나물오리비빔밥 · 080

참치말이차밥 · 106
컵만두오므라이스 · 082
크림맛깻잎리조또 · 198
팽이간장오므라이스 · 130

오트밀
고사리범벅 · 204
굿모닝위트빅스 · 046
단호박콩오트밀 · 228
달걀된장오트죽 · 194
닭가슴살된장짜글이 · 124
딸기바나나오트밀 · 066
땅콩오트밀와플 · 176
바나나프렌치토스트 · 052
바지락미역죽 · 128
바질토마토팬케이크 · 064
블루베리오트밀크레페 · 164
수프맛오트리조또 · 146
참나물게맛살전 · 112
초코베리팬케이크 · 240
프로틴오트포리지 · 226

단호박
단호박로제리조또 · 174
단호박블루베리머핀 · 266
단호박요거트스무디 · 088
단호박잼샌드위치 · 254
단호박콜드수프 · 192
단호박콩오트밀 · 228
단호한불고기샌드위치 · 256
콩치즈에그슬럿 · 050

빵류(통밀빵, 호밀빵, 베이글, 치아바타, 호떡빵)
고단백바나나토스트 · 058

그릭올리브샌드위치 · 244
단호박잼샌드위치 · 254
두유프렌치토스트 · 158
바질그릭애플샌드 · 260
베리피넛토스트 · 044
베지그릴샌드위치 · 160
스크램블식빵토스트 · 262
스테이크양배추샌드위치 · 238
연어에그마요샌드위치 · 246
참나물과카몰리토스트 · 056
참나물그릭치즈토스트 · 242
초콜렛프렌치토스트 · 170
크리미에그토스트 · 060
키위햄샌드위치 · 236
프로틴베리샌드 · 250
홀리몰리토스트 · 172
DLT샌드위치 · 252

통밀파스타
아보크림콜드파스타 · 110
에그인바질페스타 · 116
원팬콩물파스타 · 148
토마토액젓파스타 · 178
파스타유부초밥 · 118

위트빅스
굿모닝위트빅스 · 046
약과요거트볼 · 052
위트베리크럼블 · 248
위트빅스약과 · 290
위트빅스요거트바 · 280
커피프라페 · 284
프로틴초코팬케이크 · 182

현미라이스페이퍼
바질크림수제비 · 156
병아리콩치즈스틱 · 180
수제비미역국 · 222
스테이크깻잎볶이 · 078
양배추짜장수제비 · 084
요거마요치킨샐러드 · 202
흑임자쫀떡 · 274

통밀가루
단호박블루베리머핀 · 266

통밀또띠아
닭가슴살퀘사디아 · 048
콩불타코 · 162

달걀
고사리깻잎김밥 · 120
낫또므라이스 · 102
낫또에그롤 · 074
단호박블루베리머핀 · 266
단호박잼샌드위치 · 254
달걀된장오트죽 · 194
땅콩오트밀와플 · 176
바나나브라우니 · 258
바나나프렌치토스트 · 054
바질그릭애플샌드 · 260
바질토마토팬케이크 · 064
배추버섯만두전골 · 144
블루베리오트밀크레페 · 164
수란오이덮밥 · 076
아보카도불닭덮밥 · 140
애호박오믈렛 · 208
양배추김나물밥 · 136
양배추어묵말이 · 210

양배추짜장수제비 · 084
에그인바질페스타 · 116
연어에그마요샌드위치 · 246
오리에그리조또 · 132
저탄수땅콩쿠키 · 276
전자레인지사골만둣국 · 086
참나물게맛살전 · 112
참치말이차밥 · 106
초코베리팬케이크 · 240
초콜렛프렌치토스트 · 170
컵만두오므라이스 · 082
콩치즈에그슬럿 · 050
크리미에그토스트 · 060
파스타유부초밥 · 118
파절이야채전 · 214
팽이간장오므라이스 · 130
프로틴초코팬케이크 · 182
홀리몰리토스트 · 172
DLT샌드위치 · 252

완조리닭가슴살
고사리깻잎볶음밥 · 126
고사리닭곰탕 · 098
고사리범벅 · 204
꿀마토닭스테이크 · 166
누들컵닭개장 · 138
단호한불고기샌드위치 · 256
닭가슴살된장짜글이 · 124
닭가슴살퀘사디아 · 048
수제비미역국 · 222
아보카도불닭덮밥 · 140
요거마요치킨샐러드 · 202
크림맛깻잎리조또 · 198

닭가슴살소시지
단호박콜드수프 • 192
소시지만두볶음 • 154
소시지캘리포니아롤 • 100

닭가슴살만두
배추버섯만두전골 • 144
소시지만두볶음 • 154
전자레인지사골만둣국 • 086
컵만두오므라이스 • 082
크림새우만두 • 150

닭가슴살스테이크
스테이크깻잎볶이 • 078
스테이크양배추샌드위치 • 238

훈제오리고기
오리에그리조또 • 132
참나물오리비빔밥 • 080
DLT샌드위치 • 252

샌드위치햄
그릭올리브샌드위치 • 244
단호박로제리조또 • 174
바나나프렌치토스트 • 054
바질그릭애플샌드 • 260
바질어니언그릭샌드 • 168
참나물그릭치즈토스트 • 242
키위햄샌드위치 • 236

베이컨
바질크림수제비 • 156
에그인바질페스타 • 116
원팬콩물파스타 • 148

두부/두부면
고사리두부김치 • 220
두부면냉모밀 • 216
참나물두부무침밥 • 224
흑임자두부쉐이크 • 230

무가당두유
고단백바나나토스트 • 058
굿모닝위트빅스 • 046
녹차그린스무디 • 232
단호박로제리조또 • 174
단호박요거트스무디 • 088
단호박콜드수프 • 192
단호박콩오트밀 • 228
두유프렌치토스트 • 158
땅콩오트밀와플 • 176
바질크림수제비 • 156
병아리콩물 • 292
병아리콩수프볼 • 200
병아리콩스무디볼 • 062
병아리콩에너지바 • 282
병아리콩오이국수 • 218
블루베리오트밀크레페 • 164
시나몬두유라떼 • 188
아보크림콜드파스타 • 110
임자있는보틀샐러드 • 196
초코베리팬케이크 • 240
초콜렛프렌치토스트 • 170
치아씨드스무디 • 094
크림맛깻잎리조또 • 198
크림새우만두 • 150
프로틴베리샌드 • 250
프로틴오트포리지 • 226
프로틴웜볼 • 092
프로틴초코팬케이크 • 182

캔참치
바질페스토참치김밥 • 114
참치말이차밥 • 106

고등어필렛
고등어깻잎김밥 • 134

낫또
낫또므라이스 • 100
낫또에그롤 • 074
유부낫또김밥 • 104

유부
유부낫또김밥 • 104
유부묵비빔밥 • 108
파스타유부초밥 • 118

병아리콩
곶감주머니 • 270
단호박콩오트밀 • 228
바지락콩탕 • 212
베지그릴샌드위치 • 160
병아리콩물 • 292
병아리콩수프볼 • 200
병아리콩스무디볼 • 062
병아리콩에너지바 • 282
병아리콩오이국수 • 218
병아리콩치즈스틱 • 180
스크램블식빵토스트 • 262
원팬콩물파스타 • 148
콩불타코 • 162
콩치즈에그슬럿 • 050

흑임자두부쉐이크 • 230
흑임자두유슈페너 • 184

휴게소병아리콩
- 휴게소병아리콩 • 272

냉동새우
- 단호박로제리조또 • 174
- 수프맛오트리조또 • 146
- 아보크림콜드파스타 • 110
- 이밥에무순일이새우 • 122
- 크림새우만두 • 150
- 토마토액젓파스타 • 178

게맛살
- 참나물게맛살전 • 112

바지락
- 뚝배기바지락버섯밥 • 142
- 바지락미역죽 • 128
- 바지락콩탕 • 212

훈제연어
- 연어에그마요샌드위치 • 246

무지방그릭요거트
- 굿모닝위트빅스 • 046
- 그릭올리브샌드위치 • 244
- 단호박블루베리머핀 • 266
- 단호박요거트스무디 • 088
- 단호박잼샌드위치 • 254
- 단호박콜드수프 • 192
- 단호한불고기샌드위치 • 256
- 닭가슴살퀘사디아 • 048
- 바나나브라우니 • 258
- 바나나피넛크림토스트 • 264
- 바질그릭애플샌드 • 260
- 바질어니언그릭샌드 • 168
- 바질토마토팬케이크 • 064

바질페스토요거볼 • 068
- 바질페스토참치김밥 • 114
- 병아리콩수프볼 • 200
- 블루베리오트밀크레페 • 164
- 소시지만두볶음 • 154
- 스테이크양배추샌드위치 • 238
- 연어에그마요샌드위치 • 246
- 요거마요치킨샐러드 • 202
- 위트베리크럼블 • 248
- 위트빅스요거트바 • 280
- 임자있는보틀샐러드 • 196
- 참나물그릭치즈토스트 • 242
- 치아씨드스무디 • 094
- 콩불타코 • 162
- 크리미에그토스트 • 060
- 키위햄샌드위치 • 236
- 프로틴베리샌드 • 250
- 홀리몰리토스트 • 172
- 흑임자요거트볼 • 090
- DLT샌드위치 • 252

슈레드피자치즈
- 병아리콩치즈스틱 • 180
- 스크램블식빵토스트 • 262
- 애호박오믈렛 • 208
- 콩치즈에그슬럿 • 050

저지방크림치즈
- 단호박블루베리머핀 • 266
- 바질토마토팬케이크 • 064
- 블루베리오트밀크레페 • 164
- 연어에그마요샌드위치 • 246
- 참나물그릭치즈토스트 • 242
- 크리미에그토스트 • 060
- 프로틴초코팬케이크 • 182

흑임자쫀떡 • 274

파마산치즈가루
- 닭가슴살퀘사디아 • 048
- 수프맛오트리조또 • 146
- 스크램블식빵토스트 • 262
- 아보크림콜드파스타 • 110
- 참나물과카몰리토스트 • 056
- 콩불타코 • 162
- 콩치즈에그슬럿 • 050
- 크림새우만두 • 150
- 홀리몰리토스트 • 172
- 휴게소병아리콩 • 272

슬라이스치즈
- 그릭올리브샌드위치 • 244
- 단호박로제리조또 • 174
- 단호박잼샌드위치 • 254
- 단호박콩오트밀 • 228
- 단호한불고기샌드위치 • 256
- 바나나프렌치토스트 • 054
- 바질크림수제비 • 156
- 베지그릴샌드위치 • 160
- 병아리콩수프볼 • 200
- 스테이크양배추샌드위치 • 238
- 크림맛깻잎리조또 • 198
- 크림새우만두 • 150
- DLT샌드위치 • 252

양배추
- 단호박로제리조또 • 174
- 달걀된장오트죽 • 194
- 소시지캘리포니아롤 • 100
- 스테이크깻잎볶이 • 078
- 스테이크양배추샌드위치 • 238

양배추김나물밥 • 136
양배추냉만두 • 072
양배추어묵말이 • 210
양배추짜장수제비 • 084

양파
단호박로제리조또 • 174
단호한불고기샌드위치 • 256
달걀된장오트죽 • 194
닭가슴살퀘사디아 • 048
바질어니언그릭샌드 • 168
병아리콩수프볼 • 200
아보카도불닭덮밥 • 140
연어에그마요샌드위치 • 246
요거마요치킨샐러드 • 202
참나물게맛살전 • 112
참나물과카몰리토스트 • 056
참나물그릭치즈토스트 • 242
콩불타코 • 162
크림맛깻잎리조또 • 198
파절이야채전 • 214

깻잎
고등어깻잎김밥 • 134
고사리깻잎김밥 • 120
고사리깻잎볶음밥 • 126
바질페스토참치김밥 • 114
스테이크깻잎볶이 • 078
크림맛깻잎리조또 • 198

오이
병아리콩오이국수 • 218
수란오이덮밥 • 076
임자있는보틀샐러드 • 196

참나물
아보크림콜드파스타 • 110
참나물게맛살전 • 112
참나물과카몰리토스트 • 056
참나물그릭치즈토스트 • 242
참나물두부무침밥 • 224
참나물오리비빔밥 • 080
DLT샌드위치 • 252

고사리
고사리깻잎김밥 • 120
고사리깻잎볶음밥 • 126
고사리닭곰탕 • 098
고사리두부김치 • 220
고사리범벅 • 204
누들컵닭개장 • 138

버섯류(팽이, 새송이, 표고)
간장미역비빔밥 • 206
닭가슴살된장짜글이 • 124
뚝배기바지락버섯밥 • 142
배추버섯만두전골 • 144
베지그릴샌드위치 • 160
즉석버섯밥 • 070
크림맛깻잎리조또 • 198
파절이야채전 • 214
팽이간장오므라이스 • 130

애호박
닭가슴살된장짜글이 • 124
베지그릴샌드위치 • 160
애호박오믈렛 • 208
참나물게맛살전 • 112
파절이야채전 • 214

오이고추
바질페스토참치김밥 • 114
파스타유부초밥 • 118

아보카도
소시지캘리포니아롤 • 100
아보카도불닭덮밥 • 140
아보크림콜드파스타 • 110
참나물과카몰리토스트 • 056
콩불타코 • 162
홀리몰리토스트 • 172

바나나
고단백바나나토스트 • 058
굿모닝위트빅스 • 046
딸기바나나오트밀 • 066
땅콩오트밀와플 • 176
바나나브라우니 • 258
바나나프렌치토스트 • 054
바나나피넛크림토스트 • 264
바질페스토요거볼 • 068
병아리콩스누디몰 • 062
약과요거트볼 • 052
치아씨드스무디 • 094
프로틴오트포리지 • 226
프로틴초코팬케이크 • 182
흑임자두부쉐이크 • 230

냉동블루베리
단호박블루베리머핀 • 266
단호박잼샌드위치 • 254
바질페스토요거볼 • 068
블루베리오트밀크레페 • 164
위트베리크럼블 • 248
위트빅스요거트바 • 280

초코베리팬케이크 • 240
치아베리에이드 • 186
치아베리잼 • 288

기타 잎채소류(청상추, 양상추, 믹스샐러드, 무순, 루꼴라, 알배추, 케일)

그릭올리브샌드위치 • 244
단호한불고기샌드위치 • 256
두부면냉모밀 • 216
바질그릭애플샌드 • 260
바질페스토참치김밥 • 114
배추버섯만두전골 • 144
소시지만두볶음 • 154
스크램블식빵토스트 • 262
스테이크양배추샌드위치 • 238
아보카도불닭덮밥 • 140
연어에그마요샌드위치 • 246
요거마요치킨샐러드 • 202
유부묵비빔밥 • 108
이밥에무순일이새우 • 122
크림맛깻잎리조또 • 198
DLT샌드위치 • 252

기타 과일류(사과, 키위, 딸기, 체리)

녹차그린스무디 • 232
딸기바나나오트밀 • 066
바질그릭애플샌드 • 260
스테이크양배추샌드위치 • 238
약과요거트볼 • 052
임자있는보틀샐러드 • 196
치아씨드스무디 • 094
키위햄샌드위치 • 236
프로틴베리샌드 • 250
흑임자요거트볼 • 090

프로틴파우더

고단백바나나토스트 • 058
녹차그린스무디 • 232
바나나브라우니 • 258
초코베리팬케이크 • 240
초콜렛프렌치토스트 • 170
프로틴베리샌드 • 250
프로틴오트포리지 • 226
프로틴초코팬케이크 • 182

무가당땅콩버터/파우더

곶감주머니 • 270
굿모닝위트빅스 • 046
땅콩오트밀와플 • 176
바나나피넛크림토스트 • 264
베리피넛토스트 • 044
병아리콩에너지바 • 282
위트베리크럼블 • 248
저탄수땅콩쿠키 • 276

토마토

꿀마토닭스테이크 • 166
단호한불고기샌드위치 • 256
바질토마토팬케이크 • 064
병아리콩오이국수 • 218
참나물과카몰리토스트 • 056
DLT샌드위치 • 252

바질페스토

꿀마토닭스테이크 • 166
바질그릭애플샌드 • 260
바질어니언그릭샌드 • 168
바질크림수제비 • 156
바질토마토팬케이크 • 064
바질페스토요거볼 • 068

바질페스토참치김밥 • 114
에그인바질페스타 • 116
키위햄샌드위치 • 236
파스타유부초밥 • 118

치아씨드

두유프렌치토스트 • 158
딸기바나나오트밀 • 066
스테이크양배추샌드위치 • 238
위트베리크럼블 • 248
치아베리에이드 • 186
치아씨드스무디 • 094
키위햄샌드위치 • 236
프로틴베리샌드 • 250
프로틴오트포리지 • 226
프로틴웜볼 • 092

흑임자가루

임자있는보틀샐러드 • 196
흑임자두부쉐이크 • 230
흑임자두유슈페너 • 184
흑임자요거트볼 • 090
흑임자쫀떡 • 274

토마토파스타소스

단호박로제리조또 • 174
닭가슴살퀘사디아 • 048
베지그릴샌드위치 • 160
스크램블식빵토스트 • 262
토마토액젓파스타 • 178

◆ 맛별

짭짤한 맛

고사리두부김치 • 220
고사리범벅 • 204
달걀된장오트죽 • 194
닭가슴살된장짜글이 • 124
뚝배기바지락버섯밥 • 142
바지락콩탕 • 212
바질크림수제비 • 156
바질페스토참치김밥 • 114
베지그릴샌드위치 • 160
수제비미역국 • 222
스크램블식빵토스트 • 262
양배추김나물밥 • 136
양배추냉만두 • 072
양배추짜장수제비 • 084
유부묵비빔밥 • 108
이밥에무순일이새우 • 122
즉석버섯밥 • 070
참나물오리비빔밥 • 080
팽이간장오므라이스 • 130
DLT샌드위치 • 252

매콤한 맛

누들컵닭개장 • 138
단호박로제리조또 • 174
스테이크깻잎볶이 • 078
토마토액젓파스타 • 178

상큼한 맛

꿀마토닭스테이크 • 166
녹차그린스무디 • 232
딸기바나나오트밀 • 066
바질토마토팬케이크 • 064

바질페스토요거볼 • 068
치아베리에이드 • 186
치아씨드스무디 • 094
키위햄샌드위치 • 236

달콤한 맛

고단백바나나토스트 • 058
단호박잼샌드위치 • 254
바나나브라우니 • 258
바나나프렌치토스트 • 054
바질그릭애플샌드 • 260
병아리콩에너지바 • 282
병아리콩치즈스틱 • 180
약과요거트볼 • 052
위트베리크럼블 • 248
유부낫또김밥 • 104
초코베리팬케이크 • 240
초콜렛프렌치토스트 • 170
커피프라페 • 284
파스타유부초밥 • 118
프로틴베리샌드 • 250
프로틴오트포리지 • 226
호두정과 • 278

담백한 맛

간장미역비빔밥 • 206
고등어깻잎김밥 • 134
고사리깻잎김밥 • 120
고사리깻잎볶음밥 • 126
고사리닭곰탕 • 098
곶감주머니 • 270
굿모닝위트빅스 • 046
그릭올리브샌드위치 • 244
낫또므라이스 • 102
낫또에그롤 • 074

단호박블루베리머핀 • 266
단호박요거트스무디 • 088
단호박콜드수프 • 192
단호박콩오트밀 • 228
단호한불고기샌드위치 • 256
닭가슴살퀘사디아 • 048
두부면냉모밀 • 216
두유프렌치토스트 • 158
땅콩오트밀와플 • 176
바나나피넛크림토스트 • 264
바지락미역죽 • 128
바질어니언그릭샌드 • 168
배추버섯만두전골 • 144
베리피넛토스트 • 044
병아리콩수프볼 • 200
병아리콩스무디볼 • 062
병아리콩오이국수 • 218
블루베리오트밀크레페 • 164
소시지만두볶음 • 154
소시지캘리포니아롤 • 100
수란오이덮밥 • 076
수프맛오트리조또 • 146
스테이크양배추샌드위치 • 238
시나몬두유라떼 • 188
아보카도불닭덮밥 • 140
아보크림콜드파스타 • 110
애호박오믈렛 • 208
양배추어묵말이 • 210
에그인바질페스타 • 116
연어에그마요샌드위치 • 246
오리에그리조또 • 132
요거마요치킨샐러드 • 202
원팬콩물파스타 • 148
위트빅스요거트바 • 280
임자있는보틀샐러드 • 196

저탄수땅콩쿠키 • 276
전자레인지사골만둣국 • 086
참나물게맛살전 • 112
참나물과카몰리토스트 • 056
참나물그릭치즈토스트 • 242
참나물두부무침밥 • 224
참치말이차밥 • 106
컵만두오므라이스 • 082
콩불타코 • 162
콩치즈에그슬럿 • 050
크리미에그토스트 • 060
크림맛깻잎리조또 • 198
크림새우만두 • 150
파절이야채전 • 214
프로틴웜볼 • 092
프로틴초코팬케이크 • 182
홀리몰리토스트 • 172
휴게소병아리콩 • 272
흑임자두부쉐이크 • 230
흑임자두유슈페너 • 184
흑임자요거트볼 • 090
흑임자쫀떡 • 274

◆ 조리별

김밥/롤/초밥
고등어깻잎김밥 • 134
고사리깻잎김밥 • 120
낫또에그롤 • 074
바질페스토참치김밥 • 114
소시지캘리포니아롤 • 100
유부낫또김밥 • 104
파스타유부초밥 • 118

토스트/샌드위치
고단백바나나토스트 • 058
그릭올리브샌드위치 • 244
단호박잼샌드위치 • 254
단호한불고기샌드위치 • 256
두유프렌치토스트 • 158
바나나피넛크림토스트 • 264
바질그릭애플샌드 • 260
바질어니언그릭샌드 • 168
베리피넛토스트 • 044
베지그릴샌드위치 • 160
스크램블식빵토스트 • 262
스테이크양배추샌드위치 • 238
연어에그마요샌드위치 • 246
참나물과카몰리토스트 • 056
참나물그릭치즈토스트 • 242
초콜렛프렌치토스트 • 170
크리미에그토스트 • 060
키위햄샌드위치 • 236
프로틴베리샌드 • 250
홀리몰리토스트 • 172
DLT샌드위치 • 252

팬케이크/와플
땅콩오트밀와플 • 176
바질토마토팬케이크 • 064
블루베리오트밀크레페 • 164
초코베리팬케이크 • 240
프로틴초코팬케이크 • 182

덮밥/볶음밥
간장미역비빔밥 • 206
고사리깻잎볶음밥 • 126
낫또므라이스 • 102
뚝배기바지락버섯밥 • 140

수란오이덮밥 • 076
아보카도불닭덮밥 • 140
양배추김나물밥 • 136
유부묵비빔밥 • 108
이밥에무순일이새우 • 122
즉석버섯밥 • 070
참나물두부무침밥 • 224
참치말이차밥 • 106
팽이간장오므라이스 • 130

파스타
아보크림콜드파스타 • 110
에그인바질페스타 • 116
원팬콩물파스타 • 148
토마토액젓파스타 • 178

리조또/죽/스프
단호박콜드수프 • 192
단호박콩오트밀 • 228
달걀된장오트죽 • 194
닭가슴살된장짜글이 • 124
바지락미역죽 • 128
병아리콩수프볼 • 200
수프맛오트리조또 • 146
오리에그리조또 • 132
크림맛깻잎리조또 • 198
프로틴오트포리지 • 226

국물요리
고사리닭곰탕 • 098
누들컵닭개장 • 138
두부면냉모밀 • 216
바지락콩탕 • 212
배추버섯만두전골 • 144
수제비미역국 • 222

토마토액젓파스타 • 178

원팬

고사리닭곰탕 • 098
고사리두부김치 • 220
고사리범벅 • 204
꿀마토닭스테이크 • 166
낫또라이스 • 102
누들컵닭개장 • 138
단호박로제리조또 • 174
단호박콩오트밀 • 228
달걀된장오트죽 • 194
닭가슴살된장짜글이 • 124
닭가슴살퀘사디아 • 048
바질크림수제비 • 156
병아리콩수프볼 • 200
병아리콩에너지바 • 282
소시지만두볶음 • 154
수제비미역국 • 222
수프맛오트리조또 • 146
스크램블식빵토스트 • 262
스테이크깻잎볶이 • 078
애호박오믈렛 • 208
양배추어묵말이 • 210
양배추짜장수제비 • 084
에그인바질페스타 • 116
원팬콩물파스타 • 148
위트빅스약과 • 290
참나물게맛살전 • 112
크림맛깻잎리조또 • 198
토마토액젓파스타 • 178
파절이야채전 • 214
팽이간장오므라이스 • 130
프로틴오트포리지 • 226
호두정과 • 278

휴게소병아리콩 • 272

전자레인지/에어프라이어

단호박블루베리머핀 • 266
단호박콜드수프 • 192
딸기바나나오트밀 • 066
바나나브라우니 • 258
바나나프렌치토스트 • 054
병아리콩치즈스틱 • 180
소시지캘리포니아롤 • 100
아보카도불닭덮밥 • 140
양배추김나물밥 • 136
양배추냉만두 • 072
요거마요치킨샐러드 • 202
위트베리크럼블 • 248
이밥에무순일이새우 • 122
저탄수땅콩쿠키 • 276
전자레인지사골만둣국 • 086
참나물오리비빔밥 • 080
치아베리잼 • 288
컵만두오므라이스 • 082
콩치즈에그슬럿 • 050
프로틴웜볼 • 092

비조리

곶감주머니 • 270
굿모닝위트빅스 • 046
단호박요거트스무디 • 088
두부면냉모밀 • 216
바질페스토요거볼 • 068
바질페스토참치김밥 • 114
병아리콩스무디볼 • 062
병아리콩오이국수 • 218
약과요거트볼 • 052
위트빅스요거트바 • 280

임자있는보틀샐러드 • 196
치아씨드스무디 • 094
흑임자두부쉐이크 • 230
흑임자요거트볼 • 090
흑임자쫀떡 • 274

음료

녹차그린스무디 • 232
시나몬두유라떼 • 188
치아베리에이드 • 186
커피프라페 • 284
흑임자두유슈페너 • 184

나지의 다이어트 레시피

초판 1쇄 인쇄 2023년 6월 8일
초판 1쇄 발행 2023년 6월 16일

지은이 나지(이효영)
펴낸이 김선식

경영총괄이사 김은영
콘텐츠사업2본부장 박현미
책임편집 김단비 **책임마케터** 오서영
콘텐츠사업7팀장 김민정 **콘텐츠사업7팀** 김단비, 권예경, 이한결
편집관리팀 조세현, 백설희 **저작권팀** 한승빈, 이슬
마케팅본부장 권장규 **마케팅1팀** 최혜령, 오서영
미디어홍보본부장 정명찬 **영상디자인파트** 송현석, 박장미, 김은지, 이소영
브랜드관리팀 안지혜, 오수미, 문윤정, 이예주 **지식교양팀** 이수인, 염아라, 김혜원, 석찬미, 백지은
크리에이티브팀 임유나, 박지수, 변승주, 김화정 **뉴미디어팀** 김민정, 이지은, 홍수경, 서가을
재무관리팀 하미선, 윤이경, 김재경, 안혜선, 이보람
인사총무팀 강미숙, 김혜진, 지석배, 박예찬, 황종원
제작관리팀 이소현, 최완규, 이지우, 김소영, 김진경, 양지환
물류관리팀 김형기, 김선진, 한유현, 전태환, 전태연, 양문현, 최창우
외부스태프 디자인 스튜디오 수박@studio.soopark

펴낸곳 다산북스 **출판등록** 2005년 12월 23일 제313-2005-00277호
주소 경기도 파주시 회동길 490 다산북스 파주사옥
전화 02-704-1724 **팩스** 02-703-2219 **이메일** dasanbooks@dasanbooks.com
홈페이지 www.dasan.group **블로그** blog.naver.com/dasan_books
용지 신승지류 **인쇄 및 제본** 상지사 **코팅 및 후가공** 평창피앤지

ISBN 979-11-306-4341-0 (13590)

· 책값은 뒤표지에 있습니다.
· 파본은 구입하신 서점에서 교환해 드립니다.
· 이 책은 저작권법에 의하여 보호를 받는 저작물이므로 무단 전재와 복제를 금합니다.

> 다산북스(DASANBOOKS)는 독자 여러분의 책에 관한 아이디어와 원고 투고를 기쁜 마음으로 기다리고 있습니다.
> 책 출간을 원하는 아이디어가 있으신 분은 다산북스 홈페이지 '원고투고'란으로 간단한 개요와 취지, 연락처 등을 보내주세요.
> 머뭇거리지 말고 문을 두드리세요.

나지의 '맛있고 예쁘고 건강한' 다이어트 식단 플랜

시작 플랜
내 몸이 다이어트와 서서히 친해지는 일주일 식단

	아침	점심	저녁	간식
월요일	병아리콩스무디볼 062쪽	고사리깻잎볶음밥 126쪽	양배추어묵말이 210쪽	시나몬두유라떼 188쪽 또는 무가당두유 한 잔
화요일	굿모닝위트빅스 046쪽	양배추김나물밥 136쪽	즉석버섯밥 070쪽	
수요일	임자있는보틀샐러드 196쪽	참나물오리비빔밥 080쪽	고사리두부김치 220쪽	
목요일	DLT샌드위치 252쪽	이밥에무순일이새우 122쪽	수란오이덮밥 076쪽	
금요일	흑임자두부쉐이크 230쪽	닭가슴살된장짜글이 124쪽	참나물두부무침밥 224쪽	
토요일	스테이크양배추샌드위치 238쪽	팽이간장오므라이스 130쪽	두부면냉모밀 216쪽	
일요일	병아리콩수프볼 200쪽	누들컵닭개장 138쪽	오리에그리조또 132쪽	

집중 플랜
단기간 집중 관리가 필요할 때 일주일 식단

	아침	점심	저녁	간식
월요일	치아씨드스무디 094쪽	낫또에그롤 074쪽	수제비미역국 222쪽	시나몬두유라떼 188쪽 또는 무가당두유 한 잔
화요일	콩치즈에그슬럿 050쪽	달걀된장오트죽 194쪽	양배추냉만두 072쪽	
수요일	단호박요거트스무디 088쪽	간장미역비빔밥 206쪽	요거마요치킨샐러드 202쪽	
목요일	프로틴웜볼 092쪽	고사리범벅 204쪽	꿀마토닭스테이크 166쪽	
금요일	녹차그린스무디 232쪽	스테이크깻잎볶이 078쪽	단호박로제리조또 174쪽	
토요일	프로틴오트포리지 226쪽	닭가슴살된장짜글이 124쪽	애호박오믈렛 208쪽	
일요일	크리미에그토스트 060쪽	고사리닭곰탕 098쪽	단호박콩오트밀 228쪽	

꾸준 플랜
포만감 있게 유지하며 관리하는 일주일 식단

	아침	점심	저녁	간식
월요일	딸기바나나오트밀 066쪽	유부낫또김밥 104쪽	누들컵닭개장 138쪽	Part6의 간식 메뉴 중 택 1 또는 단백질쉐이크 한 잔
화요일	컵만두오므라이스 082쪽	연어에그마요샌드위치 246쪽	녹차그린스무디 232쪽	
수요일	고단백바나나토스트 058쪽	소시지캘리포니아롤 100쪽	파스타유부초밥 118쪽	
목요일	전자레인지사골만둣국 086쪽	바질페스토참치김밥 114쪽	바지락미역죽 128쪽	
금요일	홀리몰리토스트 172쪽	양배추짜장수제비 084쪽	참치말이차밥 106쪽	
토요일	바질크림수제비 156쪽	유부묵비빔밥 108쪽	원팬콩물파스타 148쪽	
일요일	소시지만두볶음 154쪽	낫또므라이스 102쪽	바지락미역죽 128쪽	